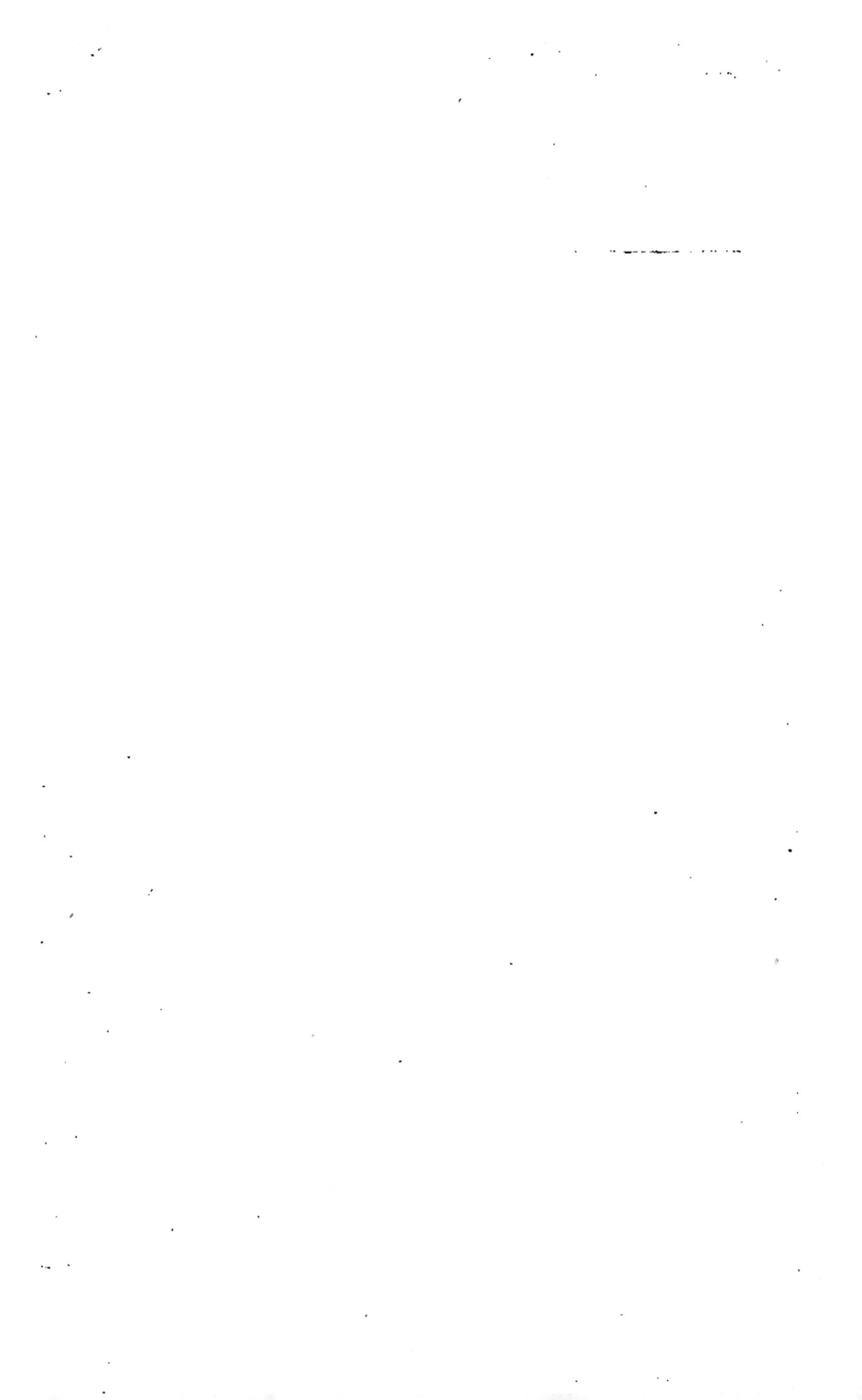

HEQUE DES VOYAGEURS

HENRY MURGER

PROPOS DE VILLE

ET

PROPOS DE THEATRE

ML

PARIS
MICHEL LEVY FRERES, EDITEURS
RUE VIVIENNE, 2 BIS

1857

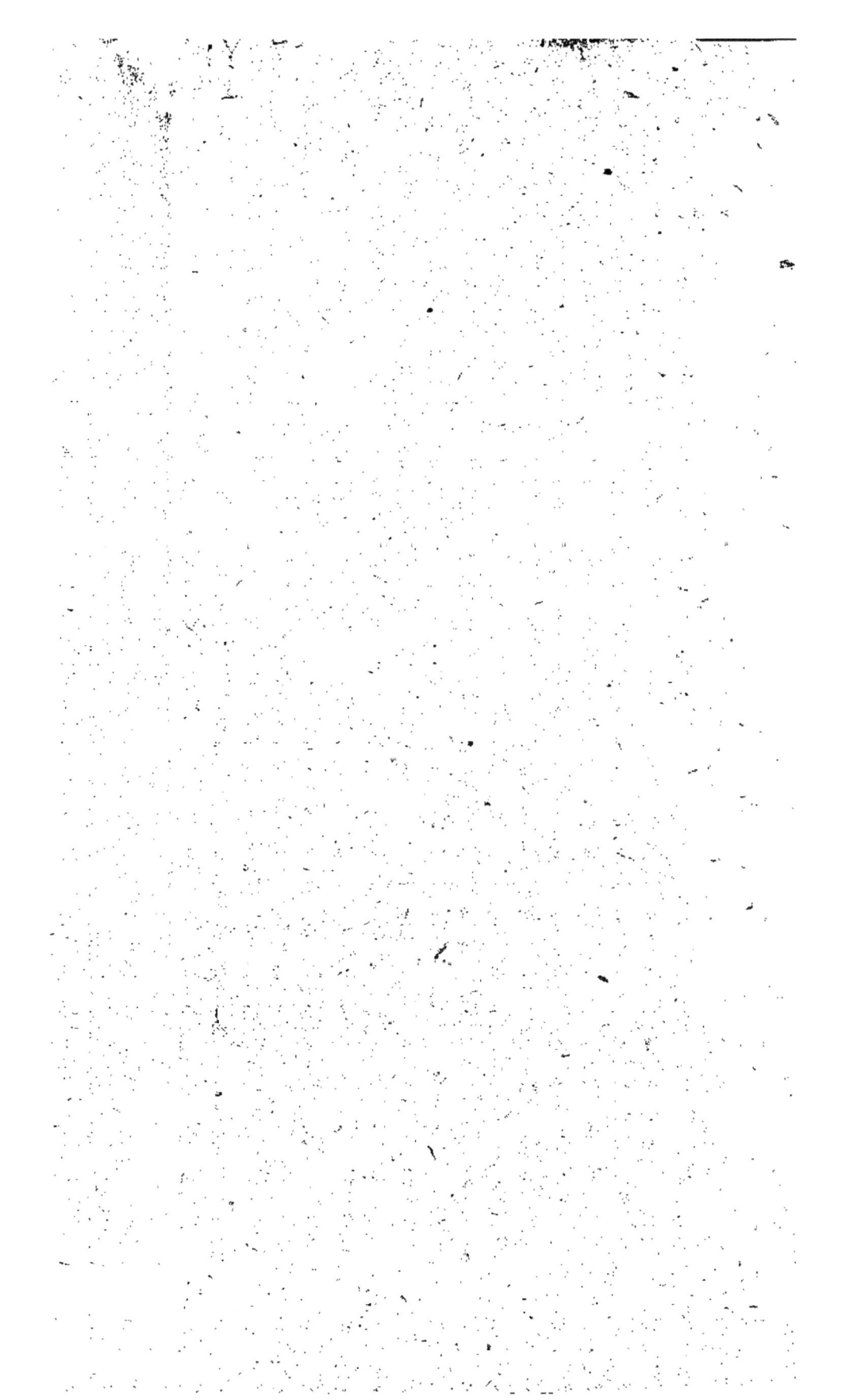

PROPOS DE VILLE

ET

PROPOS DE THÉATRE

PARIS. — TYP. SIMON RAÇON ET Cᵉ, RUE D'ERFURTH, 1.

PROPOS
DE VILLE

ET

PROPOS DE THÉATRE

PAR

HENRI MURGER

PARIS
MICHEL LÉVY FRÈRES, ÉDITEURS
RUE VIVIENNE, 2 BIS.

—

1853

PROPOS DE VILLE

ET

PROPOS DE THÉATRE

UN RÉVEILLON À LA MAISON-D'OR.

.*. La veille de Noël, vingt-cinq couverts
étaient dressés dans le grand salon de la
Maison-d'Or. Une nuée de marmitons, diri-
gés par un chef que le maître de ce célèbre
établissement vient tout récemment d'arracher avec des tenailles d'or de la *bouche* d'un
grand souverain du Nord, activaient les four-
neaux d'une cuisine où s'élaboraient des mets
dont la fumée allait donner là-haut des tentations terrestres à tous les bienheureux con-
damnés au miroton sempiternel de la béati-
tude. Comme deux heures sonnaient, vingt-

1

quatre coupés de maître vinrent l'un après l'autre abaisser leur marchepied devant l'escalier de la rue Laffitte.

Du premier coupé descendit un monsieur âgé, portant sous le bras un grand portefeuille. Il était accompagné d'un jeune homme qui ne portait rien.

De chacune des vingt-trois autres voitures descendirent successivement vingt-trois dames en grand costume de gala.

Ces vingt-trois dames, qui, pour la plupart, sont toutes demoiselles, appartenaient à l'aristocratie galante. C'étaient des dames du monde... de Gavarni.

Quelques-unes de ces dames, qui ajoutent aux revenus du boudoir les appointements du théâtre, étaient fort jolies; il y en avait même deux ou trois qui étaient véritablement aussi jeunes que leur acte de naissance. — On n'en voyait qu'une seule qui fût grêlée; mais il est vrai d'ajouter qu'elle l'était pour plusieurs.

A deux heures et demie tout le monde prit place pour le banquet.

Celui qui le présidait était le marquis de L..., assisté de maître G..., son notaire.

En reconnaissant leur amphitryon, les vingt-trois dames convoquées à cette réunion, par invitation anonyme, poussèrent un grand cri d'étonnement, et au même instant vingt-trois interrogations tombèrent dans le potage du marquis.

Il demanda une autre assiette, — déplia gravement sa serviette, et répondit aux interrogations :

— Mangeons d'abord un peu, ensuite nous causerons beaucoup.

Quand le premier service fut achevé, l'impatiente curiosité des dames ne pouvant se prolonger au delà, le marquis de L... se leva et prit la parole en ces termes :

Mesdames, je comprends parfaitement la surprise que vous témoignez en me retrouvant au milieu de vous, ou en vous retrouvant au milieu de moi, comme il vous plaira. J'en suis moi-même encore plus étonné que vous ne paraissez l'être. Il y a un an, à pareil jour et à pareille heure, autour de cette même table, j'ai eu l'honneur de vous tirer ma révérence et de solder devant vous l'addition de mon dernier souper de garçon, qui se montait, si vous voulez bien vous le rappeler, à un chiffre devant lequel un teneur de livres au-

rait certainement retiré son chapeau. Cette
carte payée, je sortis de table parfaitement
ruiné; il ne me restait même pas de quoi
prendre un fiacre. L'une de vous eut l'obli-
geance de m'offrir une place dans le coupé
que j'avais eu le plaisir de lui faire accepter
un mois auparavant, et malgré mon désastre
évident, il ne lui vint pas à l'idée de me faire
monter derrière, comme cela eût pourtant été
si naturel dans la circonstance. Au lieu de me
reconduire chez moi, elle poussa même le
désintéressement jusqu'à me proposer de me
reconduire chez elle. — Je dus cependant re-
fuser, car en amour, aussi bien qu'au théâtre, je n'ai jamais aimé les billets de faveur,
ayant fait la remarque qu'ils coûtaient en dé-
finitive plus cher qu'au bureau, et qu'on était
toujours mal placé. — Depuis ce jour-là,
mesdames, nous ne nous sommes guère vus
qu'à travers le nuage de poussière que soule-
vaient vos attelages dans l'avenue des Champs-
Élysées, où j'allais me promener le dimanche
en fumant des cigares de dix centimes. —
Vous m'avez cru mort, sans doute. Je vivais
cependant, si toutefois c'est vivre que vivre
sans vous.

Un murmure approbateur accueillit ce madrigal.

Le marquis reprit :

— Ce que j'ai fait depuis un an, je vous le donne à deviner.

— Un héritage sans doute, exclama mademoiselle P..., un oncle d'Amérique...

— En effet, le seul oncle d'Amérique qui reste aux gens ruinés, le hasard... est venu à mon aide... J'ai gagné à la Bourse onze cent mille francs.

— Silence, dit le marquis en frappant sur la table pour apaiser la rumeur soulevée par ce chiffre... un million... et d'assez jolies fractions comme vous voyez... Me retrouvant du blé à moudre, je suis revenu au moulin. — Maintenant, mesdames, voici de quoi il s'agit entre nous. — Je vais me marier... dans un délai très-prochain... qui ne doit pas excéder un mois... plus tôt même, il ne dépend que de moi de rapprocher l'époque... Tout à l'heure il ne dépendra que de vous !

— Comment ?... comment ?... comment ?

— Vous allez le savoir... J'entre en ménage avec un million ; ma femme, avec deux.

— Ça fera trois, dit l'une des convives.

— Parfaitement ; — quant aux cent mille francs qui restent, je veux les manger...

— Dans nos assiettes ?

— Oui ; mais je n'ai pas le temps de rester longtemps à table, et c'est à ce propos que nous avons à causer. — Voilà le lingot, dit le marquis en jetant un portefeuille sur la table ; — combien vous faut-il de temps pour le fondre ?

— Dame, ce sera selon la température, dit l'une des dames.

— Écoutez-moi, reprit le marquis, — je n'ai pas de temps à perdre — et cependant je ne peux pas vous inviter toutes à mordre à la fois au gâteau, — ce serait trop vite fait.
— Voici ce que je propose : — Vous connaissez respectivement vos forces et votre puissance d'absorption aurifère. — Nous allons, si vous le permettez, employer les moyens dont se servent les administrations pour les adjudications publiques... Vous allez soumissionner, — celle de vous qui me demandera le moins de temps pour faire le vide... dans ce portefeuille que voici plein... celle-là aura la préférence. Seulement, je dois vous donner connaissance du cahier des char-

ges... Il sera absolument interdit de distraire
des sommes pour les convertir en rentes ou
actions industrielles; la philanthropie est également défendue; je ne veux plus être exposé
à m'asseoir sur des orphelins en entrant dans
un boudoir; — toute dépense affectée à une
chose utile et durable est également interdite,
comme aussi les renouvellements de mobi-
liers, d'équipages ou d'écuries. Je veux que
mes cent mille francs soient mangés à peu
près dans le sens littéral du mot. — La
somme épuisée, je veux que la personne qui
sera restée adjudicataire ne conserve que le
portefeuille qui l'aura contenue. — On va allumer les bougies, et mon notaire, ici pré-
sent, présidera à l'adjudication ; — on sou-
missionnera au rabais... en partant d'un mois
au plus. — On pourra opérer par rabais de
jours, d'heures et même de fractions d'heures. - Voici du papier, des enveloppes, des
plumes et de la cire, car les soumissions
devront être cachetées. — Me G... en fera
le dépouillement, et poursuivra l'opération
selon les usages ordinaires. Pendant ce temps-
là, je vais aller faire un tour chez mon beau-
père, qui donne aussi un réveillon, et saluer

ma prétendue. — Je reviendrai dans une heure. Si l'adjudication est terminée avant mon retour, — la personne qui sera restée adjudicataire ira m'attendre chez moi, où des ordres sont donnés pour la recevoir. — Toutes les conditions du marché se trouvent autographiées dans un cahier dont vous pourrez prendre connaissance. — A tout à l'heure.

Et le marquis se retira.

Avant de rédiger leur soumission, les vingt-trois dames s'isolèrent dans le salon et firent leurs calculs.

Au bout de cinq minutes, toutes les soumissions, cachetées selon la formule, étaient déposées entre les mains du notaire.

Il en commença le dépouillement au milieu d'un silence si profond, que l'on aurait pu entendre mademoiselle Ar... dire du bien d'une de ses camarades.

Ce travail préparatoire achevé, le notaire alluma les bougies et annonça qu'on allait commencer les rabais.

Lorsque Me G .., le notaire du marquis de L ...., eut donné lecture des soumissions déposées entre ses mains par les vingt-trois dames, plusieurs d'entre elles, effrayées par les rabais considérables contenus dans les premières soumissions, se retirèrent volontairement, et il ne resta véritablement qu'une douzaine de concurrentes sérieuses. Parmi celles-là se montraient comme devant être plus acharnées à la lutte :

1° La marquise de***, cette belle Espagnole connue de tout Paris pour son magnifique attelage à la Daumont, et dont la bibliothèque renferme, entre autres curiosités, un exemplaire des œuvres de Malthus, relié en peau humaine ;

2° Madame de N..., qui possède un hôtel dont chaque pierre porte la signature de celui qui l'a fournie et posée ;

3° Mademoiselle R..., dont la beauté a fait depuis quinze ans la fortune de deux marchands de produits chimiques, et qui prépare les jeunes gens au baccalauréat *ès-gaie science;*

4° Mademoiselle P..., ravissante créature, qui disait dernièrement elle-même, à propos de son inconstance proverbiale : « Que voulez-vous ; ce n'est pas ma faute, — mais mon cœur *fuit.* »

5° Madame ***, qui, le soir même où une

2

artiste doit débuter à son théâtre, dans son
emploi, achète un grand nombre de places à
la location et les distribue à tous les gens en-
rhumés de sa connaissance, dans la douce espérance que leur toux opiniâtre troublera le
spectacle et pourra nuire au succès de l'ouvrage dans lequel doit paraître sa rivale;

6° Les deux sœurs C..., qu'on a surnom-
mées le duo de l'ail et du patchouli;

7° Mademoiselle B..., jeune dernière d'un
de nos premiers théâtres, qui a deux mères,
une pour la ville et une pour la campagne;

8° Mademoiselle D..., que l'on a baptisée le
petit manteau bleu des coulisses, à cause de
sa philanthropie;

9° Enfin, mademoiselle C..., de laquelle autant dire qu'il n'y a plus rien à en dire.

Après que la première bougie fut consom-
mée, il ne restait plus que quatre concur-
rer   , madame de N..., mademoiselle B...,
mademoiselle C... et mademoiselle R...

— Si tu renonces à soumissionner, dit cette
dernière... à mademoiselle B..., je te donne
mon Américain.

— Si tu te retires, répliqua l'autre, je te
laisse mon américaine.

La seconde bougie fut allumée, et la voix du notaire se fit entendre.

— La dernière soumission du temps demandé pour dépenser les cent mille francs du marquis est descendue à quinze jours... C'est mademoiselle B... qui a fixé ce chiffre; — offre-t-on moins? demanda Mᵉ G...

— Quatorze jours, douze heures, dit madame de N...

— Quatorze jours, fit mademoiselle B...

— Treize jours, douze heures, fit mademoiselle R...

— Treize jours, exclama mademoiselle C...

— Si tu te retires, dit mademoiselle B... à mademoiselle C..., je me brouille pour trois mois et demi avec Alfred, et je l'envoie lui-même te porter mon grand *boiteux* indien.

— Non.

— Douze jours dix-huit heures, s'écria mademoiselle B...

— Onze jours... cinquante, s'écria mademoiselle C... Hum! fit-elle en se reprenant, je me croyais aux *commissaires*, j'ai voulu dire douze heures.

Mademoiselle R..., qui faisait des calculs sur son agenda, leva la main.

— Dix jours, dit-elle.

Mademoiselle C... prit à son tour son agenda, fit aussi des calculs.

— Neuf jours cinquante-cinq... Allons bon ! je me crois encore aux *commissaires*... Maître G. ., c'est onze heures que j'ai voulu dire.

Sur cette dernière soumission, la deuxième bougie s'éteignit.

Comme on rallumait la troisième, il ne restait plus que deux concurrentes, madame de N... et mademoiselle R... s'étant retirées, convaincues qu'elles ne se trouvaient plus assez fortes pour dépenser inutilement *cent* mille francs en huit jours.

La lutte, continuée avec opiniâtreté entre madame B... et mademoiselle C..., ne fut pas de longue durée ; la bougie s'éteignit en même temps que mademoiselle C... venait d'abaisser sa soumission à cinq jours sept heures cinquante minutes.

Mais, comme elle s'enorgueillissait de son triomphe, le marquis de L... rentrait dans le salon, — il paraissait un peu ému.

— Pardonnez-moi, mesdames, de vous avoir dérangées, leur dit-il, mais la raison qui m'avait fait vous réunir n'existe plus...

— Comment? — comment ? — comment ?

— Mon Dieu oui, — tout à l'heure, chez mon beau-père, — j'ai eu l'imprudence de me mettre à la table de jeu, — on faisait le lansquenet, — il y a eu une série de *mains*, et je n'avais pas encore eu le temps de m'asseoir, que j'avais perdu les cent mille francs dont j'étais embarrassé. — La mauvaise chance a fait dans une demi-heure ce que la plus habile d'entre vous n'aurait pas fait sans doute dans quinze jours...

— Quinze jours! dit le notaire en montrant le procès-verbal de l'adjudication; mais mademoiselle C..., restée dernière adjudicataire, ne demandait que cinq jours et quelques fractions.

— Comment diable auriez-vous fait? demanda le marquis très-étonné; — trouver l'emploi de vingt mille francs par jour sans dépenser un sou utilement, — cela me semble difficile.

— Monsieur le marquis, répondit cette prodigue personne, je n'ai demandé que six mois pour réduire le Pérou à la mendicité.

LES INTRIGUÉS ET LES INTRIGANTS, MOULAGES
SUR NATURE, AU BAL DE L'OPÉRA.

.*. UN DOMINO GRIS à un habit noir-idem.
— Je te connais.

L'HABIT NOIR. — Tu me connais... Au fait,
tu n'es pas la seule.

LE DOMINO. — Qu'est-ce que tu as fait de
Victorine ?

L'HABIT NOIR. — Tiens, tu connais aussi Victorine. Après ça, tu n'es pas la seule.

LE DOMINO. — Veux-tu me donner le bras
pour faire un tour ?

L'HABIT NOIR. — Oui, — mais nous n'irons
pas du côté du buffet.

LE DOMINO. — Tu n'auras donc jamais le sou !

L'HABIT NOIR. — Tu auras donc toujours soif !

_.*. UN MONSIEUR, entre deux eaux-de-vie,
— rouge comme un coq et crotté comme la
rue Saint-Denis, arrêtant un petit domino
vert qui frétille comme une couleuvre. —_
Titine, je t'avais défendu de mettre les pieds
au bal. Mon cousin m'a dit que c'était un antre
de perdition.

LE DOMINO. — Passe donc ton chemin, imbécile; est-ce que je te connais?

LE MONSIEUR. — Elle est forte, celle-là ! — Voilà donc pourquoi tu étais si pressée d'avoir des bottines neuves, — que je me prive depuis ongtemps de mon petit verre pour te les acheter, — même que tu les trouvais trop grandes dans le principe. — Aurais-tu déjà oublié les tiens, Titine?

Le domino disparaît sans que le monsieur ait su comment, et au lieu de *Titine* il se trouve en face d'un gamin entré par contrebande dans le foyer.

LE MONSIEUR, *criant.* — Titine !

LE GAMIN. — Vous faut-il un décrotteur, là, monsieur? Faites-vous cirer!

.⁎. Dans la loge de mademoiselle X... — Une dizaine de gilets blancs applaudissant en chœur la *coda* d'une plaisanterie de cette spirituelle personne :

— Oh ! oh ! oh ! — ah ! ah ! ah ! — Charmant ! — Divin ! — Etourdissant!

Entre un onzième gilet blanc :

— Qu'est-ce que vous avez donc à rire comme ça?—On dirait d'une maisonnée de fous.

— C'est mademoiselle qui vient de dire un mot. Oh! oh!

REPRISE DU CHŒUR.—Ah! ah! ah! charmant! divin! étourdissant!

LE ONZIÈME GILET, *s'inclinant devant mademoiselle X..., en lui offrant un sac de bonbons.* — Est-ce que ce serait montrer trop d'exigence que de demander une seconde représentation de cette jolie chose? Je mourrais de dépit si j'étais de vos amis le seul à l'ignorer.

— Trop bon! cher... cela ne vaut pas la peine... et puis cela pourrait fatiguer ces messieurs.

TOUS LES GILETS, *con furore.* — O ciel! allons donc!... Trop heureux!... *Bis!*

MADEMOISELLE X... — Eh bien, puisque vous le voulez absolument, je recommencerai. — Tout à l'heure, un de ces messieurs m'annonçait le prochain mariage de son ami le vicomte de S..., dont la fortune est très-obérée, avec mademoiselle de P..., connue pour sa richesse et sa maigreur séraphique. En apprenant cette nouvelle, il m'est arrivé de dire...

(Commencement de pâmoison sensible sur toute la ligne des gilets blancs.)

MADÉMOISELLE X..., *continuant.* — Il m'est

arrivé de dire : Ce mariage est pour le vicomte de S... une véritable *planche de salut*.

REPRISE DU CHŒUR, *crescendo.*—Ah ! ah ! ah ! — Grand Dieu ! quel esprit ! Ce n'est pas une femme ! — c'est un démon !

Entre un douzième gilet blanc.

— Mon Dieu, messieurs, on n'entend que vous dans toute la salle. — Je suis sûr que c'est mademoiselle qui dit des merveilles.

— Positivement... Si vous étiez arrivé un moment plus tôt, vous auriez entendu un de ces mots...

LES ONZE GILETS, *en sourdine.* — Ah ! ah ! ah !... — Charmant ! — Divin ! — Étourdissant !

LE DOUZIÈME GILET, *à mademoiselle X*... — Est-ce que ce serait véritablement montrer trop d'exigence que de vous redemander... (*avec un fin sourire*) vous devez cependant y être habituée...

MADEMOISELLE X... — C'est que je crains de fatiguer ces messieurs.

LES ONZE GILETS. — Ah ! ciel !... Allons donc !

MADEMOISELLE X..., *minaudant.* — Eh bien . puisque vous le voulez absolument... (*Comme ci-dessus.*)

Quand l'histoire est finie, les douze gilets se

réunissent dans un chœur formidable et re-
prennent pour la clôture :

— Ah ! ah ! ah ! grand Dieu ! quel esprit ! —
Ce n'est pas une femme ! — c'est un démon !

LE GARÇON DE BUFFET, *qui a servi les gla-
ces, à part.* — Mon Dieu ! que tous ces gens-
là sont bêtes !

∴ — Mon cher, je t'assure que c'est une
femme du monde.

— A quoi reconnais-tu ça ?

— Elle a passé deux fois auprès du buffet
sans me demander à boire.

∴ — Oh ! mon Dieu oui, monsieur, c'est
la première fois que je viens au bal ; aussi je
suis bien troublée ; ce bruit, ces lumières...

— Madame est seule ?

— Oh ! non..., j'ai une de mes amies avec
moi ; nous sommes venues ici malgré nous,
bien malgré nous... Nous étions allées au spectacle, lorsqu'en rentrant chez nous nous n'a-
vons plus trouvé notre clef. C'était la femme
de chambre de l'amie chez qui je demeure qui
l'avait emportée avec elle au bal de l'Opéra,
où mon amie lui avait permis d'aller...

— C'est bien contrariant ; néanmoins, per-

mettez-moi de bénir le hasard... qui m'a permis de vous y rencontrer... (*Ici tous les madrigaux d'usage.*)

— Mon Dieu, monsieur... ce serait avec le
plus grand plaisir... mais... je ne suis pas seule.
Et tenez, voici précisément mon amie qui vient
me chercher.

Arrive, en effet, un second domino, auquel
celui qui n'a jamais été au bal pousse le coude
d'une certaine façon.

— Eh bien, ma chère, as-tu rencontré Justine?

— Mon Dieu non... Dans quel embarras
cette fille nous met... Il faut absolument retourner à la maison; nous ferons comme nous
pourrons pour nous faire ouvrir.

— Mais comment faire pour retourner à la
maison? il pleut à verse, et nous avons eu
l'imprudence de laisser notre bourse chez la
personne où nous avons été nous costumer...
(*S'adressant au monsieur.*) — Vous serez
sans doute assez obligeant, monsieur, pour
nous prêter l'argent d'une voiture et nous
donner votre carte; nous vous ferons remettre
cette petite somme demain matin par la fidèle
Justine.

— Mon Dieu, mesdames, que je suis donc désolé. — Mon fidèle Joseph, à qui j'ai l'habitude de confier toutes mes clefs, n'est pas rentré ce soir, de façon que je n'ai pu ouvrir mon secrétaire... Si vous voulez, cependant, nous allons faire un tour dans la salle... nous rencontrerons peut-être la fidèle Justine avec le fidèle Joseph.

.*. — Monsieur, je ne suis pas libre...

— Vous êtes mariée?

— Vous l'avez dit.

— N'aurai-je pas le plaisir de vous rencontrer dans le monde?

— J'y vais rarement.

— Mais au théâtre?

— Je n'y vais pas, je suis en deuil.

— On ne peut donc pas vous voir?

— Très... difficilement... Cependant, si vous étiez discret... Mais, non...

— Parlez, ange!

— Eh bien! je vais quelquefois chez une de mes amies... madame Camille...

— Camille, tiens!

— Rue des Trois-Frères.

— Tiens! tiens!...

— A l'entresol...

— Tiens ! tiens ! tiens !

— S'il n'y avait personne quand vous viendrez, vous trouveriez la clef...

— Sous le paillasson... —Bonjour, Céleste ; comment que ça va ?

.— Vous me connaissez donc ? — Ah ! que c'est bête de me faire perdre mon temps comme ça.

.*. LE DOMINO, *à un cavalier*. — Monsieur est dans la diplomatie ?

LE CAVALIER. — Non, madame.

LE DOMINO. — Dans les bureaux, peut-être ?

LE CAVALIER. — Non plus.

LA MARCHANDE DE FLEURS, *arrivant près du couple*. — Un joli bouquet, monsieur ; fleurissez vot' dame.

LE CAVALIER, *repoussant les fleurs.*—Merci.

LE DOMINO, *lâchant le bras du cavalier.*— Monsieur est artiste !!!

.*. — Joséphine, tu as tort de parler à Stéphanie ; c'est une personne dont la société est compromettante.

— Ma chère, j'ai des raisons pour la ménager.

— Quelles raisons ?

— Elle m'a promis d'échanger, quand elle l'aura épuisée, la liste de ses Russes contre celle de nos Américains.

LETTRE TROUVÉE DANS LE CORRIDOR DES PREMIÈRES LOGES.

« Victor, je ne me serais jamais attendue à
« cela de la part d'un jeune homme qui pa-
« raissait avoir d'aussi bons sentiments. — Le
« billet du tapissier est échu avant-hier, et
« voilà huit jours que je ne vous ai vu! —
« Vous n'êtes cependant pas malade, car votre
« blanchisseuse m'a dit que vous mettiez vos
« belles chemises à jabot tous les jours. On ne
« met pas des jabots pour se faire poser des
« sangsues..., à moins qu'on ne soit trop ri-
« che. — Est-ce donc là ce que vous me _u-
« riez il y a six mois, quand j'ai consenti à
« quitter Médée qui me proposait de faire le
« portrait de la signature de son oncle si je
« voulais l'aimer à lui tout seul? L'ingrati-
« tude, ce venimeux poison, vous aurait-il
« déjà rongé le cœur? — C'était bien la peine
« que je passe les plus belles nuits de mes
« jours à vous broder une bourse pour votre

« fète, pour que vous exposiez votre pauvre
« amie qui vous a tout sacrifié, comme Mar-
« guerite Gautier, à recevoir la visite boueuse
« des huissiers qui veulent me saisir comme
« si j'étais négociante. — Sans ma portière,
« qui m'a prêté huit cents francs pour donner
« à M. Caroussat, je serais à la belle étoile:
« c'est donc là où devait me mener tant d'a-
« mour ! Ah ! AUGUSTE, vous êtes bon, vous
« êtes trop jeune pour être entièrement cor-
« rompu, et vous ne voudrez pas souffrir que
« ce soient les cheveux blancs d'une pauvre
« femme, mère de quatre enfants, qui fassent
« honneur à votre signature. — Je vous at-
« tends donc cette nuit au bal de l'Opéra,
« avec les mille francs en question.—A cette
« condition, je vous pardonne.

« Votre Minette chérie.

« MATHILDE DE FLANDRY. »

.⁂. UN VIEUX DOMINO, *graisseux comme la
barbe d'un capucin, à une petite pierrette
très-fraîche.* — Élisa, mon enfant, je vous
défends de danser avec ce petit jeune homme.

— Mais, ma tante, il est bien gentil pourtant.

—.Lui avez-vous demandé l'heure, comme je vous ait dit de le faire aux messieurs qui vous parleront ?

— Oui, ma tante; mais il n'a pas de montre.

— C'est précisément pourquoi je vous défends de l'écouter.

— C'est dommage, il a des moustaches si gentilles.

LE VIEUX DOMINO, *avec onction*. — Ma petite, les moustaches ne font pas le bonheur.

.*. DE LA MÊME A LA MÊME. — Mais, ma tante, c'est qu'il est bien âgé, ce monsieur-là.

— N'empêche, mon enfant. Les hommes, vois-tu, c'est le contraire des étoffes : plus ils sont vieux, plus ils durent.

*** — Tiens, voilà Paul! M'emmènes-tu souper ?

PAUL, *frappant sur son gousset*. — Tu sais bien, Célestine, que je n'ai plus jamais d'argent après minuit.

— Tiens! moi, c'est le contraire; je n'en ai jamais avant.

.·. — Anatole, prête-moi un louis.

— Pourquoi faire ?

— C'est pour Mélanie, qui veut mettre une de ses parentes au vestiaire. .

.·. DEUX MESSIEURS *se rencontrant dans le corridor des quatrièmes loges.* — Tiens, mon gendre !

— Tiens, mon beau-père !

— Vous ici, après un an de mariage !... Oh !

— Et vous, après trente ans !.. Ah !

Après un quart d'heure de morale réciproque :

LE GENDRE. — Vous dites donc que cette petite Rosine...

LE BEAU-PÈRE — Ah ! mon ami, délicieuse... Des pieds... des mains... des yeux... un véritable trésor... Vous disiez donc que cette petite Paméla...

LE GENDRE. — Ah ! divine... Des yeux... des mains... des pieds...

LE BEAU-PÈRE, *à part.* — Il faut que j'arrache mon gendre des mains de cette drôlesse de Paméla... Elle mangerait la dot de ma fille !

LE GENDRE, *à part.* — Il faut que je délivre mon beau-père des griffes de cette harpie

4

de Rosine... Tout l'héritage de ma femme y passerait !

.*. — Mon Dieu, chère madame, est-ce que votre charmante nièce ne m'accordera pas une petite place dans son cœur ?

— Tout est comble, mon cher monsieur.

— Rien qu'un petit coin ! ..

-— Eh bien, voyons, vous m'étonneriez. — Je verrai voir à vous donner un tabouret.

FANTAISIES A PROPOS DE L'HIVER.

L'hiver continue à donner un démenti à l'almanach.

Des phénomènes étranges se produisent chaque jour, et jettent la perturbation au sein de l'Académie des sciences.

Il y a trois jours, un maraîcher des environs de Paris a trouvé des ananas sur ses espaliers, et a cueilli des patates dans le champ où il allait chercher des pommes de terre.

Un garde-chasse du bois de Meudon a vu, — comme je vous vois, — près de l'étang de Villebon, un troupeau d'autruches en train de déjeuner avec un tas de moellons.

M. Alphonse Karr a reçu de son ermitage

de Sainte-Adresse des nouvelles de son jardi-
nier, qui lui annonce qu'un aloès a fleuri subitement, avec un grand coup de tonnerre, au
milieu de la pelouse qui s'étend devant son
chalet.

Dimanche dernier, un monsieur qui se pro-
menait autour du bassin des Tuileries entendit des cris plaintifs entremêlés de sanglots. Il
pensa que c'était un enfant qui était tombé
dans l'eau ; et il se disposait à lui porter
secours, lorsqu'il s'aperçut que les plaintes
qu'il croyait être poussées par un mineur en
péril sortaient de la gueule d'un crocodile. —
Tout le monde sait que la perfection avec laquelle ce monstre *imite* les pleurs de l'en-
fance lui a fait donner, par les naturalistes,
le surnom de ***Brasseur*** des amphibies.

La semaine passée, encore, comme un rayon
de soleil venait de luire, — profitant du mo
ment où l'ingénieur Chevalier, son geôlier,
avait le dos tourné, le mercure, — parvenu au
plus haut degré de l'exaspération, — a voulu
s'échapper du thermomètre, — comme autrefois Latude de la Bastille. Il a été rattrapé par
un sergent de ville, et reconduit dans sa prison
de verre, où il continue à ne pas vouloir des-

cendre au-dessous de la température des vers
à soie.

Ce que voyant, les établissements de bains
préparent leur ouverture. Ils attendent seulement que la rivière ait baissé et que l'eau soit
moins chaude. En effet, les imprudentes bai-
gneuses qui s'aventureraient dans les fonds de
bois des écoles de natation seraient changées
en une friture de naïades.

Un des plus bizarres, parmi tous ces phénomènes, est la découverte faite tout récemment
par un poëte lyrique, qui a trouvé des pépites
d'or au fond de son encrier.

Enfin, il paraît que tous les arbres des bou-
levards et des jardins de Paris sont couverts de
feuilles depuis quinze jours et pourraient four-
nir une ombre aussi épaisse que dans le mois
de juin. Seulement, pour ne point effrayer
la population, la police fait arracher toutes
les feuilles pendant la nuit.

Cette précocité de la saison ne s'arrête pas
à la végétation.

M. ***, qui possède une grande popularité
parmi les huissiers et les gardes du commerce,
et qui n'a jamais pu acquitter une lettre de
change que lorsqu'elle avait des cheveux

blancs, est allé payer dernièrement un billet
souscrit à son tailleur, quatre-vingt-dix jours
avant l'échéance.

Le fournisseur n'a pas voulu accepter ce
payement anticipé, donnant pour prétexte que
cela dérangerait sa tenue de livres.

M. ***, n'ayant pu s'arranger à l'amiable
avec cet Allemand obstiné, s'est décidé à avoir
recours aux tribunaux.

En présence de pareils faits, certifiés par
des procès-verbaux authentiques, les savants
ont été appelés à donner leur avis.

Ces messieurs ont mis leurs lunettes, —
leur abat-jour vert, et on a ouvert la séance,
— en même temps que les fenêtres de l'Insti-
tut, où l'honorable réunion se plaignait d'é-
touffer.

Chacun des membres présents a lu un mémoire d'une grande beauté et de plusieurs
kilomètres.

Mais, pour arriver à la fin de la lecture, chacun des orateurs a été mis dans la nécessité de
retirer son habit.

Plus le discours était long, plus l'orateur
éprouvait le besoin de se dégarnir.

Aussi, le président, inquiet, donna-t-il aux

huissiers l'ordre de faire évacuer les tribunes,
où pourraient se présenter des dames.

Chacun des remarquables travaux lus, à propos de la question à l'ordre du jour, concluait
à ceci :

Que ce qui se passait n'était pas naturel.

Il s'agissait de savoir pourquoi.

Le président déclara la discussion ouverte ;
mais chaque orateur qui montait à la tribune
avait à peine ouvert la bouche, qu'il était soudainement pris d'une quinte de toux.

Ce n'était plus une académie de savants,
c'était une académie de catarrhes.

Tous les membres présents sont sortis de la
séance les uns après les autres pour aller acheter du jujube.

Seul, M. Arago a voulu trouver une solution
à cet étrange état de choses.

L'illustre savant est passé dans son cabinet.
— Depuis plusieurs jours, la tête appuyée
dans les mains, les coudes appuyés sur la table, il demeure penché sur l'abime de ses mé-
ditations.

Pendant cette savante réclusion, le grand
professeur a fait comparaître les astres devant
lui.

Il les a interrogés paternellement, pour savoir s'ils n'étaient pas étrangers à ce qui se passe dans la nature.

Les astres, petits et grands, ont facilement prouvé leur innocence de toute tentative de rébellion.

Les comètes mêmes, particulièrement soupçonnées d'avoir de méchants desseins et de vouloir s'approcher souvent un peu trop près de la terre, ont prouvé jusqu'à la dernière évidence que le ciel n'est pas plus pur que le fond de leur cœur.

Les signes du zodiaque, appelés et interrogés à leur tour, ont été moins clairs dans leurs explications, ce qui leur a valu une assez forte semonce.

Le signe qui préside au mois de janvier où nous sommes a paru particulièrement penaud, quand M. Arago lui a montré une branche d'oranger en fleurs, cueillie dans son jardin le jour de l'an.

—Quelle confiance voulez-vous que l'agriculture vous accorde, malheureux! lui a dit le savant d'une voix qui ne permet pas de réplique; et qui vous a permis de faire faire votre besogne par le signe de la Vierge?

N'ayant pu néanmoins rien tirer au clair, M. Arago s'est remis à ses travaux.

Si l'on en croit ses familiers, le grand pro fesseur a enfin trouvé l'X du problème.

Mais cette découverte est tellement in- quiétante, qu'il n'ose pas la livrer à la publicité.

Il paraît que la boule humaine est menacée d'un bouleversement total.

L'hémisphère a le corps dérangé. Un con- flit s'est élevé dans le monde cosmographique.

Des mutations incroyables se préparent.

Les pôles veulent changer de place. — Le Groënland veut devenir une serre chaude, et va se peupler de scorpions.

La terre de feu veut devenir une glacière, et va se peupler d'ours blancs.

Les zones jouent à colin-maillard.

Avant très-peu de temps, les ouvrages de M. de Humboldt et de Malte-Brun ne seront plus bons qu'à mettre au pilon.

On fera des cornets à tabac avec les cartes de géographie.

Les *Guides-Richard* deviendront aussi inu- tiles pour les voyageurs qu'une grammaire française peut l'être pour un vaudevilliste ou deux.

Par suite de tous les changements qui résulteront du cataclysme qui se prépare déjà par transitions, les parties du monde déplacées se trouveront sous d'autres latitudes.

L'Europe sera en Amérique.

Asnières deviendra port de mer.

Et l'équateur sera situé à Paris, entre le pont Royal et celui des Saints-Pères.

Ce remue-ménage universel explique d'une manière parfaitement satisfaisante les phénomènes que nous avons mentionnés plus haut, et qui ne sont que le commencement des nouveautés que fera naître le nouvel ordre de choses.

Seulement, quand le bonhomme Tropique aura élu domicile à Paris, les Parisiens deviendront tous nègres.

Et on n'aura plus besoin d'aller à l'Ambigu et à la Gaîté pour voir l'*Oncle Tom.*

. C'est alors que ces dames se mettront du blanc ! Ça ne se verra pas mieux que maintenant, mais ça se verra de plus loin.

Une autre version, qui a trouvé aussi un grand nombre de crédules, c'est que nous sommes à la veille d'un déluge.

Dans cette prévision, une Société en com-

5

mandite s'est formée pour la construction d'une arche de sauvetage.

Le prospectus de la Compagnie sera bientôt publié : les actions sont déjà cotées à une forte prime.

La fièvre d'agio a tellement gagné les Parisiens, que, si la fin du monde — dont il a été aussi question — était un fait annoncé officiellement, ils ne verraient dans ce grand dénoûment de l'humanité qu'un prétexte à la baisse, — et avant de se repentir et de songer à leur salut, ils commenceraient par courir chez les agents de change pour les prier de vendre, et les trompettes des archanges auraient peine à dominer la voix des coulissiers annonçant le *dernier cours* aux fidèles du lucre, rassemblés dans la cathédrale de leur dieu.

Que les deux graves événements redoutés par la science s'accomplissent ou non, l'absence de l'hiver se fait visiblement sentir.

Un journal racontait l'autre jour lui-même les nombreux suicides remarqués dans la classe des marchands de bois et des marchands de fourrures. — Ces industries ne sont pas les seules qui aient été atteintes par la bénignité de la saison.

Là profession de ramoneur est devenue une sinécure. Que voulez-vous qu'on ramone, quand la cheminée n'est plus qu'un objet d'art? Qui est-ce qui fait du feu maintenant? Il n'y a plus que M. B..., qui n'en faisait jamais autrefois quand il avait du monde à dîner dans l'hiver, dans l'espérance que ses convives, ayant attrapé des engelures entre le potage et le premier service, s'en iraient avant l'apparition du second. Aujourd'hui, M. B... emploie le même moyen en sens inverse. — Il bourre son poêle de telle façon, que sa salle à manger est transformée en piscine pour les maladies de peau.

Il me manque, et à bien d'autres aussi peut-être, ce mélancolique cri des enfants de la Savoie: *A pau apin!*

Journellement couché dans un lit moelleux, au fond d'une alcôve entourée de rideaux épais et lourds, c'était chose douce d'entendre le matin monter à travers l'humidité du brouillard le monotone refrain de ces pauvres cigales de la neige, marchant deux à deux, le père toujours suivi de l'enfant, — mal vêtus et frissonnant de tout leur corps, mordus par les bises affamées, en suivant chacun un trottoir ; — ils alternaient leur appel, guettant aux fenêtres l'apparition d'une ménagère qui leur fît signe de monter.

A pau apin ! chantait d'abord le père en traînant sa voix, dont la dernière note était étouffée par le bruit de ses grossiers sabots sonnant sur le pavé.

A pau apin ! reprenait le petit avec une voix d'enfant de chœur à matines.

En entendant ce duo matinal, — comme on sentait bien l'hiver sans le voir, — comme on voyait bien les toits blancs, les branches des arbres noires, et les glaçons, et toutes les rigueurs des climats du Nord ! — Comme on trouvait alors plus douce l'atmosphère de la chambre bien close ! — comme on savourait avec délices le *far niente* matinal de l'oreiller !

A pau apin ! c'est-à-dire il neige, il pleut ; — mais il est si matin et il fait si froid, que l'heure gèle en sonnant. — Comme je suis bien dans mon lit ! — Qu'est-ce que je ferai tantôt ? Ceci ou cela. — Qu'est-ce que je vais manger à mon déjeuner ?

A pau apin ! — Peu à peu on se réveille. — On sort tout à fait du lit : un coup de son-

nette a retenti. — L'argent que vous pouvez
avoir s'est mis à trembler d'effroi dans votre
secrétaire : — il a reconnu l'ennemi, l'intelligent métal ! — C'est un créancier qui vient
vous demander de l'argent pour payer ses
dettes. — Si vous êtes farceur, vous lui ré-
pondez de loin :

— Faites comme moi, ne les payez pas.

Quelquefois il en arrive un autre, puis deux,
puis trois. — Alors ils se mettent à causer, sur
le carré, de leurs petites affaires en attendant
que vous sortiez... Il y en a même qui se mettent à lire le journal ; d'autres qui apportent
des cartes et jouent au piquet. — De temps en
temps ils sonnent pour voir si vous les en-
tendez... puis ils se décident à s'en aller, et
s'en vont déjeuner en chœur au café, où ils se
mettent à jouer au billard, et le soir ils ont
dépensé vingt-cinq francs — au lieu de payer
leurs dettes.

Quelquefois, ce n'est pas le drelin de la
sonnette qui vous éveille, — c'est le grattement
clandestin d'une petite main impatiente : —
vous n'iriez pas ouvrir, que la porte s'ouvri-
rait d'elle-même plutôt que de la laisser se
morfondre une minute. Cette matinale visi-

teuse qui vous arrive, bouquet de roses rouges aux joues, bouquet de violettes aux mains
— tandis que l'hiver chante dans la rue par
la voix du ramoneur : *A pau apin!... à pau
apin!...*

C'est quelque gentille fillette qui s'en va tirer
l'aiguille toute la journée dans un magasin. —
Pour se donner du cœur à l'ouvrage, elle est
montée vous voir un moment en passant, parce
que vous demeurez sur son chemin, — dit-
elle, la menteuse, — histoire de vous dire bonjour et de prendre un petit air d'amour. —
Elle babille, elle frétille, elle tournille et fu-
rète dans votre chambre avec un gentil fredon
d'oiseau désencagé.

Puis, quand elle a fait ses quinze tours,
donné partout son coup d'œil, sans oublier la
glace, donné son coup de dent au morceau de
sucre qui traîne, elle se sauve en vous jetant
sur votre lit son petit bouquet de violettes d'un
sou, qui ne vous coûte qu'un baiser. — Pauvre petite! pensez-vous en la voyant partir, elle
va avoir froid. — Elle, froid! — Ah! bien oui.
— La neige fond en la voyant passer. Et pendant que la voix de votre gentille fleuriste
murmure encore dans l'escalier, le ramoneur

et son enfant y mêlent lointainement leur refrain : *A pau apin!*

Mais, hélas! on ne l'entend plus, ou presque
plus, ce refrain monotone, dont les frileux
sybarites se faisaient un plaisir; et, en vérité,
il me manque aussi à moi et à d'autres peut-
être. O volupté singulière de l'égoïsme, qui
aime à augmenter la dose de ses jouissances
en opposant son bien-être à la privation des
autres, et sa paresse avec le labeur de ceux
pour qui le bien-être n'est qu'un mot et pour
qui la paresse serait un vice!

Que vont-ils faire, ces pauvres ramoneurs—
maintenant que l'hiver est supprimé, — et
que deviendra leur petite râclette?

M. Hornung, qui a fait avec eux de si mauvais tableaux; plusieurs compositeurs qui les
ont mis en musique dans plusieurs milliers de
romances commençant par

Enfant de la montagne,

et les auteurs qui ont fait de la suie une farine
à mélodrames représentés plus de fois qu'il
n'était raisonnable, devraient se cotiser pour
leur venir en aide, ou tout au moins leur faire
ramoner, quand même *besoin ne serait pas,*

leurs cheminées dont le marbre est chargé des mille caprices de la mode.

En attendant, Paris s'est ennuyé jusqu'ici ; — le carnaval lui-même a l'air d'avoir pris médecine ; — il a déclaré qu'il retournerait à Venise, si on ne lui faisait pas voir un glaçon ou un tas de neige.

On veut du froid, on veut sentir la terre dure sous ses pas et voir sautiller aux vitres la mosaïque du givre. — Paris tout entier tend avec impatience sa joue au soufflet de l'aquilon ; les plus avantageux de leur personne souhaitent à grands cris avoir le nez rouge.

Les plus belles donneraient leur plus beau bracelet pour une onglée.

On parle d'organiser un hiver artificiel. — Les physiciens et les chimistes sont convoqués.

.   .   .   .

Une chose étrange, mais parfaitement véridique à constater, c'est que, pour les femmes de Paris, l'attrait du plaisir, cette ligne à mille hameçons tendus par le diable, — est doublé par les dangers qui peuvent en résulter. — Pour qu'une Parisienne déclare s'être amusée en sortant d'un bal, il faut que ce soit une pleurésie ou un rhume de cerveau qui lui

tienne le marchepied de sa voiture. — Telle
belle dame qui, voilà quinze jours, allait à
l'Opéra ou aux Italiens en robe montante, —
quand la température promettait des petits pois
pour le 1ᵉʳ mars, — n'ose plus s'y montrer
qu'en robe décolletée depuis qu'il gèle.

Il y a deux classes d'individus que cette brus-
que et inattendue arrivée de l'hiver a désagréa-
blement surpris : ce sont les maris et les amants.

Les premiers se frottaient les mains, et
comptaient, grâce à la rareté des bals et des
soirées, réaliser d'assez belles économies. —
Pour eux, en effet, un hiver parisien est
aussi dangereux à traverser que peut l'être,
pour un capitaliste, une sierra espagnole. —
Décembre, janvier et février, sont des mois
coupe-bourses, qui, au lieu de poignards et
d'espingoles, — viennent vous mettre dans la
gorge des totaux de mémoires, et contre lesquels la résistance est inutile. — Cette année,
les maris étaient donc dans la joie de leur âme.
— Les mémoires des bijoutiers, des marchan-
dés de modes et des couturières, — semblaient
devoir être d'une modération infinie. D'après
calculs approximatifs, l'exercice de 1855,
comparé au budget des précédentes années,

devait offrir un rabais de 50 0|0. — Ce *boni*,
opéré sur la subvention conjugale, augmentait
d'autant la *bourse de garçon* de ces messieurs, et avait son placement tout trouvé
dans la bourse des Danaïdes — du quartier
Breda.

Mais voici que tous ces calculs sont bruta-
lement dérangés ! !

La dernière quinzaine de février se montre
prodigue comme un mineur nouvellement
émancipé, et mars s'annonce comme devant
être terrible. « Qui compte sans son hôte
s'expose à compter deux fois, » dit le proverbe,— devenu, pour les pauvres maris, une
rigoureuse vérité. — Pour avoir compté sans
l'hiver, eux aussi vont payer double ; — et
les mémoires de *madame,* qui montent par le
grand escalier ; et les mémoires de *mademoiselle,* qui entrent par l'escalier dérobé,—
et mettent chaque matin le portefeuille de
monsieur entre deux additions.

Quant aux amants, — *leur peine n'est pas
moins cruelle,* — pour parler comme les romances. — Le même motif qui fait la joie des
maris économes assurait leur sécurité. — Les
soirées étaient rares, et les bals presque nuls.

— La bien-aimée restait au coin de son feu, paresseusement étendue dans sa chauffeuse. — Pendant la journée, monsieur allait à la Bourse. — Le soir, après le dîner, il courait au club, ou se prétendait appelé au dehors pour un rendez-vous d'affaires. — L'*affaire Chaumontel.* — Cette inépuisable mine aux galants *escampativos.* — L'amant se trouvait donc maître et seigneur, — non pas seulement du cœur, mais encore du logis de la dame. — Il consignait lui-même telle ou telle visite, les importuns, les curieux, les jaloux, et les messieurs qui sont à l'amant ce que lui-même est au mari. — Et il aurait pu volontiers apporter sa robe de chambre et ses pantoufles. — Il avait tous les bénéfices de l'état sans en avoir les charges. — Étant seul, il n'avait pas de rivaux, et, n'ayant pas à se défendre, il n'avait pas à combattre. Aucune contrariété ne troublait sa jouissance. — Il était sûr d'être désiré et attendu. Et il arrivait — ponctuellement, régulièrement, comme minuit après onze heures. Le fauteuil lui tendait ses bras pour le recevoir. Le feu le saluait à son arrivée par un jet de flamme et un bouquet d'étincelles. La jardinière dégageait ses plus subtils parfums.

—Les rideaux glissaient d'eux-mêmes sur leurs tringles, et épaississaient leurs plis soyeux. — La lampe adoucissait sa clarté trop vive, et ne répandait plus dans le boudoir que le clair-obscur discret, — favorable aux confidences intimes. — On bâtissait, au coin du feu, des châteaux de félicité, sur les sables du mot *toujours*. — On disait un peu de mal des absents, excepté du mari. — Jamais de querelles, jamais d'ennuis. — C'était charmant, délicieux. — A minuit le mari rentrait. — L'amant s'en allait et rentrait chez lui, et l'on recommençait le lendemain, pour recommencer le surlendemain.

Il faut convenir que c'était trop beau!

Mais voilà les salons qui s'ouvrent pour tout de bon. Aujourd'hui, il y a bal chez la marquise ***; demain, chez madame ***; après-demain, ici, et le lendemain ailleurs.

Adieu la sécurité paisible! adieu les douceurs du tête-à-tête quasi perpétuel!

La maîtresse se réveille femme, la femme se retrouve Parisienne; elle a mis son corset de bal; elle ne le quittera plus de deux mois. Chaque nuit, elle fera le tour du cadran en valsant, redowant ou mazurkant. Et l'amant,

s'il veut conserver sa conquête, se voit pour
deux mois aussi au carcan de la cravate
blanche. Partout où va sa maitresse, il faut
qu'il aille, la suivant comme son ombre, ombre mélancolique et désolée, et jetant sur l'i-
dole les mêmes regards effarés que doit avoir
un avare en voyant son coffre-fort s'ouvrir de
lui-même et étaler toutes ses richesses au milieu de gens qui ne dissimulent pas leur con-
voitise. — Chaque soirée est un combat, chaque bal une bataille où la lutte a lieu dans
la proportion de un contre cent; car, pour
ne pas perdre un pouce de terrain dans le
cœur de sa maitresse, il faut qu'il ait à lui
seul autant d'esprit que tous les hommes qui
lui font la cour; il faut qu'il ait le nœud de sa
cravate aussi bien fait, ou la jambe aussi bien
tournée; car le retour des culottes vient d'a-
jouter un nouvel élément aux moyens de séduction, et le mollet, au dire de nos aïeux,
passait jadis pour être irrésistible.

Le premier coup d'archet, au son duquel
Paris vient de se mettre en place pour la première contredanse, qui durera jusqu'aux premières feuilles vertes, a déjà dépareillé bien
des couples. — On se voit mal, ou plutôt on ne

se voit plus que sous le grand jour des lustres,
on ne fait plus que se rencontrer. Autour de
lui, l'amant n'entend plus dire que des choses
aussi peu agréables pour sa vanité qu'inquié-
tantes pour son amour. En parlant de sa maîtresse, un officieux ami viendra lui dire : Toi,
qui connais madame une telle, sais-tu s'il est
vrai que ce soit Armand qui ait succédé à Paul
sur le carnet de ses caprices ?

Comme c'est amusant d'entendre cela, si on
s'appelle Félix.

Ou bien, ce sera le mari, dont la fantaisie
fait boule de neige, avec les passions que fait
naître sa femme, et qui prenant l'amant de
celle-ci à part, — lui dira avec ce sourire
d'un mari sûr de sa proie :

— Voyez donc, mon cher, comme ma
femme est en beauté ce soir! — Quelles épau-
les! — Je ne les avais pas encore vues.

Le jour, madame dort, — pour se reposer
des fatigues de la nuit. — Si elle reçoit, ce
sera seulement pendant une heure ou deux,—
et l'amant ne sera reçu qu'en visite officielle,
confondu avec les galants, — auxquels la co-
quetterie de sa maîtresse accorde une au-
dience, et à qui elle réservera ses meilleures

câlineries de façons et de langage, — pour
s'assurer une troupe de *romains* qui lui fe-
ront une *entrée* au prochain bal où elle doit
aller. S'il obtient, par grâce, un quart d'heure
de tête-à-tête, — il l'emploira en querelles, en
jalousies.

— Pourquoi avez-vous dansé deux fois de
suite avec monsieur un tel? — Pourquoi met-
tez-vous une robe bleue, quand vous savez que
je n'aime pas cette couleur-là? Pourquoi ceci?
pourquoi cela?

La pauvre femme espérait trouver un
amant, elle ne voit plus qu'un juge d'instruc-
tion.

On se raccommode bien, il est vrai, et on
partage le bénéfice du raccommodement; —
mais, c'est égal, après un certain nombre de
fêlures, l'amour ressemble à ces vieux plats
cassés en dix endroits et criblés de sutures. Un
beau jour il se casse tout à fait, — et les
morceaux n'en sont plus bons.

Aussi, à la fin de cette saison de raouts, de
bals, de soirées, — que de couples seront dé-
pareillés, — que de contrats sur papier rose
et non timbrés — laisseront voir le jour au
travers de leurs serments, hachés de coups de

canif ! — que de jolies bouches, qui disent
encore un nom aujourd'hui et qui auront ap-
pris à en dire un autre ! . . . .

Entre autres solennités que ramène l'hiver,
il faut citer en première ligne le bal des artistes dramatiques, qui a eu lieu cette année,
comme les précédentes, dans la salle de l'O-
péra-Comique.

Bien longtemps avant le jour où le bal doit
avoir lieu, et pour lui donner de la publicité,
outre les annonces, on fait afficher dans tous
les lieux publics une liste de dames patronesses chez lesquelles on peut se procurer des
billets.

Le placement de ces billets devient même
l'objet du zèle le plus louable : c'est entre
toutes les actrices une lutte acharnée pour
réunir le plus grand nombre de souscripteurs,
et mériter ainsi une mention honorable le jour
de la séance annuelle. L'amour-propre entre
donc bien un peu pour quelque chose dans
tout le mal qu'on se donne à ce propos ; mais
le motif est véritablement trop digne d'éloges
pour qu'on puisse faire autrement que d'applaudir. Le placement de ces billets ne s'opère

point, d'ailleurs, sans qu'il en résulte certains dérangements pour les artistes qui veulent bien s'en charger.

Comme on l'avait sans doute prévu, — la curiosité qu'excitent, dans une certaine classe du public, toutes les personnes qui appartiennent au théâtre attire un grand nombre de visiteurs chez les dames patronesses. — Les amoureux de l'art et les amoureux de l'amour; tous ceux qui ne possèdent aucune relation ni aucun moyen pour pénétrer dans ce sanctuaire, toujours plein de tentations, qu'on appelle les coulisses, — saisissent avec empressement une occasion qui leur permet d'aller constater par leurs propres yeux si une actrice est véritablement une femme comme les autres Pendant un mois environ, toutes les dames patronesses, — et particulièrement celles que leur réputation met le plus en relief, — sont obligées d'entre-bâiller une heure ou deux par jour la porte de leur salon à tous les étrangers, amenés, les uns par l'oisiveté, les autres par la curiosité; ceux-ci pour voir, ceux-là pour se faire voir eux-mêmes. Une charmante ingénue nous disait dernièrement que rien n'était plus amusant que le défilé quotidien

7

de cette procession de gens pour qui le billet
de bal n'est, en réalité, qu'un prétexte. —
Quelquefois aussi, ces visiteurs sont parfaitement insupportables. Il en est qui s'installent
pendant des heures entières, et poussent l'indiscrétion jusqu'à demander à l'artiste chez
laquelle ils se trouvent s'il est vrai qu'elle
était réellement l'héroïne de telle ou telle
aventure qu'ils ont lue dans un journal, —et,
tout en parlant, ils inquisitionnent l'appartement du regard ; ils s'informent du prix du
loyer, du chiffre des appointements. — Si on
les laissait faire, ils iraient ouvrir les tiroirs.

D'aucuns arrivent dans des toilettes préamé-
ditées —depuis huit jours. — En saluant
l'artiste, ils feignent une émotion qui doit,
pensent-ils, amener quelque bienveillante
question à la suite de laquelle ils pourront
faire l'offre de leur cœur. — Quant à leur
main, ils la laissent dans leur poche.

On a toutes les peines du monde à les mettre à la porte.

Il y a les messieurs qui s'*occupent du
théâtre*, et qui, à la faveur d'un billet de dix
francs, sollicitent la permission de lire un ouvrage *de leur composition*, qui a obtenu

l'assentiment de plusieurs salons. Ils seraient
particulièrement heureux si l'actrice voulait
bien leur accorder sa protection pour faire recevoir leur pièce dans son théâtre, et si elle
daignait en accepter le principal rôle.

Il y a même les messieurs mal élevés, —
qui gardent leur chapeau sur la tête, n'étei-
gnent pas leur cigare en entrant, et viennent
prendre un billet — comme ils iraient acheter la *Patrie*, au coin d'une rue.

L'artiste, s'apercevant du premier coup
qu'elle a affaire à un palefrenier, s'empresse
de l'adresser à sa cuisinière.

Une actrice d'un théâtre de vaudeville, qui
est particulièrement idolâtrée dans le monde
scolaire, et dont les beaux yeux sont une des
principales causes des nombreux pensums qui
se distribuent après les jours de congé, reçut
la visite d'un petit collégien d'une quinzaine
d'années. Après lui avoir offert des bonbons,
l'artiste s'informa du motif qui lui valait cette
visite.

Le lycéen répondit qu'il venait chercher un
billet de bal. Seulement, comme la bourse de
ses menus plaisirs était un peu plate, il ne
pouvait acquitter le prix du billet en une seule

fois, et il priait la dame patronesse de vouloir
bien lui permettre de solder son entrée au bal
par à-comptes.

Grâce à cette ingénieuse proposition, le lycéen s'est ménagé six visites. — Le jour où
il vint compléter les dix francs du billet, le
petit bonhomme achevait de manger pour un
louis de friandises à l'actrice en question.

Trois éditions de public se sont épuisées
pendant cette nuit dans la salle de l'Opéra-
Comique. — Ce n'était plus une foule, c'était
une bouillie humaine — qui encombrait le
foyer, la salle et les corridors. — Un monsieur, placé dans la loge 23, et appelé, pour
affaires importantes, dans la loge 26, a mis
deux heures et demie à faire le trajet d'une
loge à l'autre. — Mais, pendant sa traversée,
l'éventail qui lui avait fait signe, ne le voyant
pas arriver, s'en est allé avec un turban de
l'école égyptienne. Ces Turcs sont volages,
mais on les dit si aimables ! — Un de nos
amis, entré dans la salle, à minuit, sans avoir
eu la précaution de se ganter à l'avance,
— n'avait achevé de mettre ses gants qu'à
trois heures. — Mais, pendant l'opération, l'un
des gants était devenu noir et l'autre panaché.

— Cette foule énorme a fait naître bon nombre d'incidents comiques, dont quelques-uns
ont dû avoir des résultats sérieux, tels que
querelles, ruptures et divorces. — Plusieurs
couples ont été séparés par une bousculade,
qui sont destinés à ne plus se rejoindre. —
Plus d'un cavalier, entré avec une robe rose
au bras, s'en est allé avec une robe bleue, —
sans trop savoir comment la métamorphose
s'était opérée. — Enfin, pendant la semaine
qui a suivi cette belle fête, il y a eu nombre de
mutations, non préméditées, dans les ménages
clandestins, et les employés à l'état civil de
Cythère ont eu, sans doute, une rude besogne.

Quant à la chaleur, elle était véritablement
torride; non-seulement les bougies fondaient,
mais encore on a eu à craindre un moment
que le bronze des lustres n'entrât lui-même en
fusion. — Il a été impossible de se procurer
une glace avant trois heures du matin. — Dans
le parcours des buffets aux loges, elles se trans-
formaient en eau bouillante. — Mademoiselle
A...e..., qui, sans doute par amour de l'anti-
thèse, s'était coiffée avec une couronne de
fleurs d'oranger, — en rentrant le matin chez
elle, à trouvé des oranges parfaitement mûres,

à la place des fleurs et des boutons symboli-
ques. — Cette atmosphère, qui aurait fait crier
grâce au ver à soie le plus frileux, a causé
également plusieurs accidents, sans compter
les rhumatismes qui pourront en résulter. —
On cite notamment une aventure dont l'héroïne est une actrice qui n'a pas encore
débuté, et qui a été surnommée Bérésina, à
cause de sa réserve tellement glaciale, qu'un
seul de ses regards suffisait pour donner des
engelures. Jusqu'ici, personne n'avait pu vaincre son indifférence, devenue proverbiale.
C'est en vain que l'on voyait quotidiennement
faire la roue autour d'elle l'armée entière des
rôdeurs de coulisses, espèces de papillons-
paons que la lumière des quinquets attire particulièrement de sept heures à minuit. A la
pointe de son dédain, elle repoussait également toutes les formules de séduction et
toutes les catégories de séducteurs. Aucun
d'eux n'avait su se faire écouter : — ni *les
princes charmants* des mille et une nuits
parisiennes, dont les cartes de visites ont parfaitement cours dans les *ex-change-office;*
— ni les gros sacs de la finance, hydropisies
sonores qui veulent bien consentir à adresser

l'expression de leur hommage, sous enveloppe,
dans une toison du Thibet, — mais qui n'ai-
ment pas à remettre à huitaine, comme Bilbo-
quet, l'achat des carpes qui excitent leur con-
voitise ;—ni les Turcarets de l'industrie, dégus-
tateurs jurés de toutes les primeurs friandes,
qu'elles mûrissent au feu du soleil, ou aux
feux de la rampe ; — ni les petits messieurs qui
trempent leur chaussure dans le carmin de la
Régence ; — ni les vicomtes et barons de fantaisie, dont la vicomté ou la baronnie n'existe
que brodée au plumetis dans le coin de leur
mouchoir et qui exigeraient volontiers que
l'on peignit le rébus de leur blason sur les
panneaux des omnibus ; — ni les amoureux
saules pleureurs, qui n'ont que leur cœur et
pas de chaumière ; — ni les poëtes de première
année, qui gravissent la montagne de l'Héli-
con — mortelle aux bottes , et se nourrissent
exclusivement de radis noirs, afin d'économi-
ser les frais d'impression d'un petit volume
jaunâtre, dans l'intérieur duquel ils crachent
leurs poumons ; ce qui est aussi malsain pour
la santé que pour la littérature. — O miracle !
elle avait même repoussé un prince du mélo-
lodrame qui lui offrait un rôle de *six cents;*

— un de ces rôles pour lesquels les débutan-
tes donneraient dix ans de leur vie, leur main
droite et le cabas de leur mère; — un rôle à
six costumes, dont deux à maillot. — O jeune
insensée! — un rôle où il y avait là scène de
folie, cette fameuse scène favorable à l'exhibi-
tion des belles chevelures; — un rôle à rires
et un rôle à larmes. — Elle a refusé cette magnifique création. — O la petite malheureuse!
Dans son dépit, le prince de la scène a offert
le rôle à mademoiselle ***, qui a déjà com-
mandé, rue du Coq, sa chevelure pour la scène
de folie. — On dit même plus, et, en vérité,
c'est à n'y pas croire, on dit qu'elle avait refusé aussi un rendez-vous donné devant l'é-
charpe municipale, et fermé la porte au nez
d'une passion sincère, dont les offres mar-
chaient sur six chiffres, ce qui est ordinairement l'allure des millions. — Inhumaine à
tous, elle passait, sourde et muette, au milieu
de cette haie d'adorateurs, sans que sa rigueur
s'adoucît un seul moment, même au spectacle
des extrémités auxquelles se livraient quotidiennement les désespérés d'amour. Il ne se
passait guère de soirée où l'on ne trouvât un
des adorateurs de cette tigresse d'Hircanie

pendu après un portant de coulisses, ce qui
gênait singulièrement la manœuvre des ma-
chinistes. — Les suicides se produisaient également dans la salle. — Et le marchand de
lorgnettes eut même le temps de gagner une
assez belle fortune, en ajoutant à son commerce
des pistolets, de l'acide prussique, et autres
moyens homicides qui ne pardonnent pas. Cette
monomanie de suicide avait pris bientôt une
telle proportion, que l'administration s'était
vue dans la nécessité d'établir une petite mor-
gue dans le foyer.

Cette singulière conduite déterminait, comme
on le pense, un bruit énorme, dans tout le Lan-
dernau dramatique. — C'était le canevas ordinaire sur lequel on brodait depuis un mois le
cancan des coulisses, — où il ne manque pas
de brodeuses.

Quand on demandait à la future actrice —
pourquoi elle ne faisait pas un choix — bon ou
mauvais, elle avait l'habitude de dire qu'elle
n'aimait et n'aimerait jamais que son *art*.

A quoi il lui était généralement répondu
qu'elle avait là un amour malheureux.

Eh bien, cette même personne, dont le
cœur restait fermé à triple tour et en dedans,

8

à tous les plus ingénieux *Sésames* que peut inspirer le désir, fut, dit-on, attendrie l'autre soir au bal de l'Opéra-Comique. Elle qui n'avait jamais souri ni accordé l'ombre d'une espérance, — dans un moment où elle se sentait mourir de chaleur, — elle a donné sourire et promesse en échange d'un verre d'eau sucrée à la glace.

Une de ses amies, témoin de ce miracle, l'a appelé *la fonte des neiges.*

A ce même bal, M. de Saint-H... virait depuis une demi-heure de l'orchestre aux balcons, des balcons à l'amphithéâtre, sans pouvoir trouver un pauvre petit coin. — Un de ses amis, témoin de son embarras, lui proposa une place dans la loge où il se trouvait en compagnie d'une comédienne dont la respiration a été appelée le choléra des mouches.

—Merci, mon cher, répondit M. de Saint-H..., mais madame X... et moi nous ne nous voyons plus...

— Ah ! pardon, répliqua l'ami en se remémorant; c'est vrai... J'avais oublié... Elle vous a trompé, pour lord... En effet, c'est maintenant lui qui est...

— Le Ménélas de cette haleine, répondit
M. de Saint-H...

LES SOUPERS DE BAL.

*** Dans les salons d'un des principaux res-
taurants, après un souper très-animé qui avait
succédé au bal des artistes, la nappe se chan-
gea en tapis vert, et servit de champ de bataille
aux coups de fortune d'un lansquenet formidable. M. B..., qui avait vidé non-seulement
ses poches, mais encore celles de ses amis par
les emprunts qu'il leur avait faits, vit arriver
son tour de main sans pouvoir mettre la mise.

— Chiffon pour chiffon, dit-il en riant et
en tirant de sa poche un papier qu'il jeta sur
la table; veut-on accepter celui-là pour *entrée
de jeu ?*

Un des joueurs lut tout haut la signature
de ce billet, qui sentait l'ambre.

— C'est un rendez-vous !

— Parfaitement.

— D'amour?

— Ou a peu près.

— La signature est bonne, dit un des pon-
teurs; je l'accepte comme valeur. Et il posa

un billet de banque en face du billet doux.

En trois cartes, M. B... avait perdu.

— Je perds 10,000 fr., dit-il en se retirant; mais je perds aussi une bonne fortune
avec mademoiselle ***. Tout compte fait, c'est
10,000 fr. de gagnés.

—Pardon, lui dit le joueur, qui avait gagné la lettre acceptée comme enjeu, payera-
t-on à vue?

— A vue et au porteur, dit M. B... Et il
écrivit au dos de la lettre :

« Passé à l'ordre de M. le baron R. de G... »

On peut voir cette singulière lettre de change
sur la cheminée de mademoiselle J***, qui l'a
scrupuleusement acquittée.

.*. Tout le monde connaît celui-là qui est
le héros de cette véridique aventure. Aussi
n'est-ce point la peine de le désigner, même
par son initiale : cela serait aussi inutile
que d'allumer le gaz pour montrer le soleil. Sachez seulement qu'il est jeune, beau,
bien fait; — qu'il aime la vie et qu'il en est
aimé; qu'il a encore presque tous ses cheveux
et presque toutes ses illusions; — qu'il est le
plus ingénieux Malte-Brun de la géographie du

Tendre ; qu'il aurait rendu dix points de
trente à don Juan, aux carambolages des
cœurs ; — que Lovelace lui aurait demandé
des leçons de séduction ; qu'il escalade les balcons avec la grâce de Roméo, et qu'il saute
par les fenêtres avec l'agilité de Chérubin ; —
qu'il grave son nom sur tous les portants de
coulisses, enlacé à celui de toutes les ingé-
nues, de toutes les amoureuses, de toutes les
coquettes, petites ou grandes ; — qu'il pourrait faire une ceinture au monde, en rattachant
les uns après les autres tous les rubans que
lui ont donné toutes les comtesses et toutes les
marquises, toutes les duchesses de tous les fau-
bourgs Saint-Germain et Saint-Honoré de toutes les parties du monde, — et qu'enfin, s'il lui
prenait fantaisie de publier ses mémoires ,
comme Casanova, les plus grands troubles sur-
giraient dans les familles. Semblable à ce spa-
dassin d'une comédie récente, qui *marque à
tuer* les gens qui lui sont antipathiques, lorsqu'il a marqué une femme sur l'agenda de
son désir, la vertu de la *désignée* peut appeler
un notaire et faire son testament. — Telle
dame citée comme un *Gibraltar* de fidélité,
telle autre comme un *Vincennes* de rigueur,

ont été forcées de capituler. — Il a effacé du
dictionnaire le mot *imprenable*. Il passe sa
vie à mettre en pratique la devise de César :
« Voir, venir et vaincre. » — Comment fait-il ?
Quel est son talisman ? Nul ne le sait, lui
seul le connaît ; mais, comme dit la chanson :
« C'est son secret, son bonheur. »

Tout dernièrement… il s'éprit d'une actrice,
la même qui est une manufacture de bons mots,
concetti, paradoxes et façons de dire, qu'elle
prend pour de l'esprit, probablement parce
qu'elle est myope, et qu'elle a le talent de faire
prendre pour tel à ceux qui veulent bien se
mettre de moitié dans son infirmité. Bref, notre homme la vit un soir, — belle, radieuse,
dans une avant-scène, faisant voir ses belles
dents qui mâchillonnaient quelque méchanceté.
— Il la vit donc, et tout aussitôt, tirant son
carnet, il la marqua à son *avoir*.

Le lendemain, un coup de sonnette, — un
de ces coups de sonnette impérieux qui di-
rent tout d'abord combien est sûr d'être reçu
celui-là qui s'annonce ainsi, — ébranla l'anti-
chambre de l'actrice. — Elle voulut faire mettre un peu d'ordre dans son appartement avant
d'y introduire ce merveilleux sonneur ; mais la

femme de chambre ayant demandé trois se-
maines pour qu'on pût mettre les choses à
leur place, et le visiteur n'étant pas homme à
attendre seulement trois minutes, on l'intro-
duisit quand même dans le salon.

Il avait *vu*, il *venait :* c'était tout naturel.
— Mais, ô surprise ! *il ne vainquit pas.* Il
fut seulement admis à prendre la file et attendre son tour, — comme tout le monde.

Le prier d'attendre, lui ! autant prier d'attendre le lait qui bout ! Quand il était venu,
le faire revenir, c'était demander de la patience à la poudre. Il n'en dormit pas la nuit
qui suivit ce désastre. — Le lendemain, on
donnait une première représentation dans un
grand théâtre. Il fit prévenir la rebelle qu'il
aurait l'honneur de l'accompagner au spectacle, et qu'il irait la prendre le soir même chez
elle. — L'actrice répondit qu'elle acceptait. —
Son billet fut placé dans les archives du personnage, qui, le soir même, allait prendre sa
conquête dans une voiture attelée de deux
coursiers rapides. — On n'était pas en route
depuis cinq minutes que le cavalier, — faisant
trève aux madrigaux et séductions de langage
de son répertoire ordinaire, — change la stra-

tégie du siége et passe subitement de la parole
à une pantomime expressive. — Surprise à
l'improviste, et tout moyen de défense para-
lysé, celle qui était l'objet de cette vive dé-
monstration se décidait déjà à parlementer,
lorsqu'il lui vint subitement une idée. — Elle
s'empara du chapeau de son assaillant, le passa
rapidement au travers de la portière et cria
vivement à l'ennemi :

— Je ne veux pas appeler et faire du scan-
dale ; — mais si vous ne me lâchez pas, je
lâche votre chapeau.

Le lendemain, en racontant l'aventure à ses
amies, l'actrice terminait ainsi :

— Le lâche ! — Croiriez-vous qu'il m'a lâ-
chée ?

.*. Les habitués de l'orchestre de l'Opéra
ont dû remarquer, parmi les locataires des
stalles à l'année, un personnage encore très-
alerte et très-vert, bien qu'il approche de l'âge
où l'eau-de-vie commence à être bonne. Jadis
fondateur d'une société placée sous le patro-
nage d'un astre qui jouit d'une certaine célé-
brité, il a amassé dans cette entreprise, qui
assurait contre l'un des quatre éléments, une

fortune qui lui permet de se la passer douce,
comme on dit dans un certain monde. Aussi
M. M*** ne manque-t-il jamais une occasion
d'ajouter un plaisir de plus dans la tirelire
de ses souvenirs. Quant à son assiduité aux
représentations de l'Académie de musique,
elle a sa raison d'être dans l'intérêt très-vif
qu'il porte à deux jolies jambes encore relé-
guées dans la pénombre des espaliers, et qui
jusqu'ici n'ont pu se faire remarquer que dans
la confusion des pas de cent cinquante. Pour
ces deux jolies jambes, dont le nom commence
par un F et finit par un E, élève de l'abbé
Sicard, M. M*** s'est passionné comme on se
passionne au bel âge. Pour ces deux jolies
jambes, il a mis au pillage tous les magasins
où les merveilles de l'art et de l'industrie
agacent les yeux des passants. Il les a logées
dans un intérieur auprès duquel Trianon
n'est qu'un hôtel garni. Pour leur éviter
toute fatigue, il ne leur permet de sortir que
dans un chef-d'œuvre de carrosserie, attelé de
deux éclairs à quatre jambes qui feraient le
tour du monde avant que le meilleur cou-
reur ait achevé seulement le tour du champ
de Mars. Enfin, un quarteron de poëtes lyri-

ques sont occupés jour et nuit, à raison de
cinquante francs par mois, à confectionner
des madrigaux en l'honneur de ces deux ti-
bias, dont M. M*** se montre jaloux plus que
le Grand Turc ne l'est pas de son sérail.

Par une bizarrerie singulière, malgré sa ja-
lousie, M*** avait la plus grande confiance
dans la danseuse, et, si quelques amis scepti-
ques lui donnaient plaisamment à entendre
que la jeune personne lui fournissait peut-
être incognito des collaborateurs, il se montrait d'une incrédulité de *saint Thomas.* —
Une circonstance étrange est venue le con-
vaincre.

Il y a environ quinze jours, la danseuse,
sachant M*** très-gourmet, lui avait parlé
d'une excellente occasion qui se présentait
pour acquérir à bas prix six cents bouteilles
de vin d'un excellent cru de Bordeaux, retour
des Indes, provenant de la cave d'un prince
russe, rappelé subitement par un froncement
de sourcil du czar. — M*** demanda des
échantillons, fut très-satisfait, donna l'argent, une grosse somme ma foi, et dit à la
sylphide de faire descendre le vin à la cave,
avec ordre d'en mettre sur la table chaque

fois qu'il dînerait. — Au bout de quelques
jours, il s'aperçut que le bordeaux qu'on lui
servait — avait un goût détestable, — un vrai
bordeaux de dîner à prix fixe.

— Qu'on m'enlève cette piquette, dit
M***. — Ma chère enfant, ajouta-t-il — en
s'adressant à la danseuse, — volontairement
ou non le prince nous a trompés; — il faut
faire jeter ce vin à la rue.

— Non, dit-elle, je le donnerai à l'office.

Vendredi soir, M*** fut invité à un réveillon donné par un jeune artiste de sa connaissance. — Comme on se mettait à table, un
convive en retard apporta à l'amphitryon
quatre bouteilles d'un certain vin qu'il re-
commandait aux connaisseurs.

Au premier verre qui lui fut servi, M***
reconnut son fameux *retour des Indes* acheté
au prince russe.

— Où achetez-vous ce bordeaux? demanda-
t-il avec inquiétude à la personne qui avait
apporté le vin.

— Je ne l'achète pas... on me le donne...
J'en ai cinq cent cinquante bouteilles dans la
cave d'une très-bonne maison.

M*** n'en entendit pas davantage; — il

prit sa canne et son chapeau, et oublia totale-
ment le proverbe : « Quand le vin est versé,
il faut le boire. »

Les deux jolies jambes courent après lui.
— Le rattrapperont-elles?...

.*. En ce temps-là mademoiselle *** avait
allumé une passion romanesque dans le cœur
d'un jeune premier... connu pour l'ordre
qu'il apporta dans tous les actes de sa vie.
Après avoir longtemps soupiré sa tendresse
en *la* mineur, le jeune premier apprit de l'actrice qu'il ne lui était pas plus désagréable
qu'un autre. — Seulement, avant de se rendre à sa flamme...-, l'actrice exigea, sous ser-
ment, qu'il fît un stage de fidélité de quinze
jours. C'était une manière d'épreuve dans le
genre de celles que les princesses du moyen
âge exigeaient de leurs chevaliers courtois.
— Le jeune premier jura qu'à dater de ce
jour aucune femme n'existerait plus pour lui,
et pria seulement mademoiselle *** de prendre
sur son compte tous les suicides que cause-
rait sa fidélité en l'obligeant à tenir rigueur
à une foule de malheureuses. — Rendez-vous
fut pris, à quinze jours de là, pour une heure

à laquelle on éteint le gaz. — L'heure tant
désirée arrive enfin. L'amoureux jeune premier se met en route. — Il a parfumé tous
les quartiers qu'il a traversés, — il a essayé
toutes les cravates de son répertoire, — il a
mis de triples talons rouges pour s'élever à la
hauteur de sa bonne fortune, — il s'est gar-
garisé avec les tirades les plus sentimentales
de ses rôles les plus passionnés. — C'est à la
fois Ergaste, Valère et Clitandre.

Il arrive. On lui ouvre ; il est introduit dans
un boudoir où brûle une lampe — appelée à
faire pendant à celle dont André Chénier
parle dans l'une de ses plus voluptueuses élé-
gies. — On l'attendait.

Mais, au même instant où l'heure du berger
sonnait à un cadran voisin, — Ergaste — Clitandre — Valère — quitte les genoux de sa
belle, et suspend un entretien si doux. —
Pourquoi faire ?

Quand mademoiselle *** raconte cette histoire, elle a l'habitude de le donner à deviner
en mille. — Et comme on n'ose pas deviner,
elle apprend à ses auditeurs que :

— C'était pour remonter sa montre. —

Quant à ma passion, ajoute-t-elle, ce fut tout le contraire qui lui arriva.

.˙. Mademoiselle B... est une personne si longue, que son coiffeur est obligé d'apporter une échelle pour la friser. Mademoiselle B..., qui aime ce qui est bon, tourmentait un poëte pour avoir un rôle, et lui faisait entendre par de claires minauderies qu'elle se montrerait, reconnaissante. Le malheureux poëte, qui n'a pas de défense, accepte la transaction.

— Comment! lui disait un ami, tu vas t'embarrasser de cette grande B...?

— Elle ne me gênera pas, répondit le poëte, je lui ferai un nœud.

.˙. En termes de coulisse, on appelle la famille *du four* les rares spectateurs disséminés dans la salle d'un théâtre quand on y joue une pièce qui n'a pas de succès. — Depuis quelque temps, la famille *du four* se montrait très-assidue aux représentations des ouvrages de M***. Il y a un mois, il fit jouer une comédie, dont le résultat ne devait pas répondre aux espérances qu'il avait pu conce-

voir le jour de la première représentation. —
Abusé cependant par un succès dont les fabri-
cants entrent ordinairement dans la salle
avant le public, M'** disait au foyer, en parlant de sa pièce : « Parbleu ! voilà un petit
ouvrage qui a la moitié d'un almanach dans
le ventre. » Et il courut au prochain cabinet
de lecture pour lire les *Petites-Affiches*, et
voir s'il n'y trouverait pas l'annonce d'une
propriété avec parc, rivière, écurie et poissons
rouges : — le tout n'excédant pas cent mille
francs.

A la seconde représentation de son ouvrage, le bordereau des recettes accusait un
total aussi modeste que la fleur des champs.
Ce soir-là, M*** renonça à l'acquisition du
château et se borna à chercher une maison à
la Villette, sans écurie, mais toujours avec
poissons rouges.

A la troisième représentation, la recette
était devenue si maigre, qu'on aurait pu la
prendre pour la sœur de mademoiselle Pl...,
dix écus.

M'** perdit de vue son projet de propriété
à la Villette, — mais il n'abandonna point
son idée de poissons rouges, et voici quel est

le stratagème ingénieux qu'il a employé pour
faire monter les recettes de sa pièce : — im-
portuné depuis longtemps par une foule de
jeunes gens inédits qui lui adressent des ma-
nuscrits en sollicitant l'honneur de sa collabo-
ration, — M*** a écrit à tous ces aspirants
vaudevillistes la circulaire suivante :

« Monsieur et cher collaborateur,

« J'ai lu votre affaire. — Il y a du bon,
beaucoup de bon. A nous deux nous en ferons
du meilleur. Venez donc causer de cela ce
soir ; — je vous attendrai au théâtre de...
dans le foyer ; excusez-moi si je ne vous envoie
pas une place, — mais le public nous en re-
fuse. Tout à vous. M***. »

Les collaborateurs ont mordu à l'hameçon,
— et M*** a eu au moins ses poissons rouges.

.*. Tout le monde connaît la paresse proverbiale du peintre C..., duquel on a dit qu'il
devait être fils d'un lézard et d'une ligne ho-
rizontale.

Un de ses amis, qui arrive de faire le tour

du monde, — unissant le paradoxe à l'exagé-
ration des voyageurs, assurait qu'il avait tra-
versé un pays où les jours avaient vingt-cinq
heures.

— Dis-moi bien vite où il se trouve, — que
j'aille prendre mon passe-port et faire ma
malle ! s'écria C...

— Toi si paresseux, tu ferais ce long
voyage ?

— Eh ! mon ami, sans doute, puisque ce
serait pour aller dans une contrée où j'aurais
par jour une heure de plus à ne rien faire.

.*. Le directeur d'un théâtre de vaudeville
possède pour associé un Oriental qui a les ma-
nières et le langage des marchands de dattes
et de pastilles du sérail. — On affirme même
que c'est dans le commerce de ces denrées
qu'il a acquis la fortune dont une grande par-
tie a été placée dans l'entreprise dramatique
en question. — Ce personnage est d'une ava-
rice qui est une source perpétuelle de lazzis
dans le foyer et les coulisses de son théâtre.—
Quand on monte un ouvrage, il discute pendant
des jours entiers les frais de chaque détail de
mise en scène, et pleure littéralement en ac-

quittant les factures. — C'est lui qui disait à un
acteur ayant besoin de paraître sous deux costumes dans le même ouvrage :

— La veste que vous portez au premier acte
est très-richement doublée; vous la mettrez à
l'envers dans le second acte, ça évitera les frais
d'un autre habit.

Un soir, l'entr'acte se prolongeait au delà
du temps convenu, à cause du retard que mettait la blanchisseuse du théâtre à apporter à
l'excellent comique L... une chemise à jabot
excentrique dont il avait besoin pour se costumer (ce genre de linge est fourni par l'administration). L'impatience du public commen-
çait à se manifester. — Le marchand de dattes,
comme on l'appelle, entre dans une violente
colère en apprenant que c'était L... qui faisait
retarder le lever du rideau, et, furieux, il monte
à la loge de l'artiste en le menaçant de le
mettre à l'amende s'il n'entre pas en scène sur-
le-champ. — L... explique le cas où il se
trouve, et fait comprendre à son sous-directeur
qu'il peut abréger ce retard en envoyant acheter une chemise dans le passage des Panora-
mas.

A cette proposition, la fureur du mahométan

redouble, — mais soudainement il se calme :
— une inspiration lui était venue, et, à la
grande surprise de l'acteur, il ôte sa redingote,
son gilet, ses bretelles, et, retirant le ***dernier
voile de sa pudeur***, humide d'une transpira-
tion résultant de l'inquiétude que lui donnait
la seule idée de rendre la recette, il propose
de prêter sa chemise à son pensionnaire.

— Merci, — dit celui-ci en rejetant le vête-
ment tout mouillé, — vous êtes en sueur de
ladrerie; j'aurais trop peur d'amasser votre
mal.

.*. Mademoiselle Victorine C... est un mince
et très-mince petit volume de lieux communs,
richement relié par la générosité du prince
russe Nicolas Tr... Ce grand, ou plutôt ce gras
seigneur ressemble à Lablache regardé au té-
lescope; quand il voyage dans les chemins de
fer, la moitié de sa personne est comptée comme
colis.

Dernièrement, mademoiselle C... fit une
maladie qui la retint pendant quelques jours au
lit. — Comme elle entrait en convalescence,
une de ses amies vint la voir et s'informa de
sa santé.

— Oh ! je vais beaucoup mieux, dit mademoiselle Victorine C...

— Le temps est beau, il faut aller faire un tour en voiture.

— Tu as raison, dit Victorine, je vais faire atteler : je ferai le tour du prince.

.*. M. Jules Janin est connu par tous ses confrères et tous les artistes pour son facile accueil et son humeur hospitalière. — On a dit quelquefois, en parlant de sa maison, que c'était celle du bon Dieu. — Il serait peut-être plus juste de dire qu'elle était celle d'un bon diable. — Tout ce qui est connu à Paris a monté l'escalier du critique. — Mais ce sont particulièrement ceux qui désirent l'être qui en usent les marches. — L'écrivain concilie cependant les devoirs de l'hospitalité avec ceux du travail. — Son esprit se dédouble avec une prodigieuse facilité, et sait être en même temps dans la conversation et sur le papier où il écrit. — Janin a parié une fois qu'il raconterait tout haut la retraite des *Dix mille* en même temps qu'il jouerait aux dominos d'une main et qu'il écrirait son feuilleton de l'autre ; — et il a gagné son pari. — Mais, parmi les nom-

breuses visites qui l'obligent à mettre chaque
semaine un nouveau cordon à sa sonnette, il
en est souvent qui *manquent de gaieté.* — De
ce nombre sont : les amours-propres dramatiques, froissés par un silence indulgent, ou ir-
rités par l'éloge d'un rival ou d'une rivale ; —
les réputations microscopiques juchées sur des
vanités hautes de cent coudées ; — les gens
qui, n'ayant jamais pu apprendre leur nom,
même à des créanciers, vont le crier eux-mêmes
dans les endroits qui possèdent un écho, pour
avoir le plaisir de s'entendre appeler ; — les
auteurs qui désirent qu'on fasse mention de
la naissance de leur *petit dernier*, et ceux-là
mêmes qui oublient que la critique n'enre-
gistre pas les enfants morts, sur son état civil.
— Et les oisifs, les inutiles, les diseurs de riens,
qui vous usent votre temps, voire patience, qui
entrent chez vous comme à la foire, et en res-
sortent ne laissant d'eux après eux que la boue
de leurs souliers sur vos tapis, — une odeur
d'ennui dans votre chambre — et du noir dans
votre âme.

Pour s'en préserver, ou tout au moins abréger les visites des mendiants de minutes, M. Janin a inventé un moyen simple, mais énergi-

que. Ce moyen a des plumes jaunes et bleues,
un bec crochu et un organe... irrésistible. Ce
moyen n'est autre que son perroquet, personnage qui mériterait à lui seul une biographie.—
Quelques ignorants prennent ce perroquet
pour un oiseau; mais un savant métempsyco-
siste a découvert que c'était un ancien béné-
dictin espagnol. — Le fait est que ce merveilleux perroquet est un puits de science : il parle
avec une sûreté extraordinaire toutes les langues mortes et vivantes ; il parle même et
comprend les langues nouvelles, le *Saint-Vic-
tor*, par exemple, idiome sonore, et qui a ceci
de particulièrement remarquable, qu'il se com-
pose seulement d'adjectifs. — Si un défaut
passager de mémoire ne lui fait pas trouver à
temps la citation dont il a besoin, M. Janin
regarde son perroquet, qui la lui souffle sur-
le-champ ; — et il n'y a pas d'exemple qu'il
ait fait jamais erreur. — En outre, bon juge
comme son maître, et disant son avis net et
franc à tout un chacun. Bref, un oiseau rare,
— *avis rara*, — dirait-il lui-même de lui-
même. — C'est cet animal intelligent dont
M. Janin se sert pour mettre à la porte les gens
qui lui inspirent justement l'idée de les jeter

par la fenêtre. — Quand l'un d'eux prolonge
sa visite au delà du temps qu'un indifférent
peut exiger de la politesse d'un homme qui
n'aime pas à perdre le sien, M. Janin fait un
signe à son perroquet. L'animal comprend. Il
quitte aussitôt son perchoir, va se jucher sur
la chaise du fâcheux, et, se mettant à jouer
du bec, il fait de la charpie avec le collet de
son habit, en même temps qu'il lui entonne à
l'oreille une gamme de cris tellement assour-
dissants, que le personnage prend à la fois son
chapeau et le parti de s'en aller. — S'il a l'au-
dace hypocrite de féliciter M. Janin à propos
de son oiseau, le critique pousse l'ironie jusqu'à proposer au fâcheux de lui en faire cadeau.

.*. Voici, à propos de la claque et des cla-
queurs, une anecdote qui s'est passée il y a une
dizaine d'années dans un théâtre d'outre-Seine.
On y représentait alors le premier ouvrage d'un
romancier qui est devenu depuis un de nos
plus féconds auteurs dramatiques. La pièce fit
passer les ponts à tout Paris. Dans ce drame,
les deux principaux rôles étaient remplis par
deux artistes célèbres, qui avaient l'un et l'au-

-tre au moins autant d'amour-propre que de talent. — L'entrepreneur de succès subven-tionné par l'administration, voyant que le public se chargeait volontiers de faire sa besogne, s'était un peu ralenti dans son zèle. — Il n'y avait plus d'ordre et de régularité dans le service des *entrées* et des *sorties*. — Tantôt c'était l'acteur B... qui se plaignait qu'on lui eût coupé sa tirade par une salve trop précipitée.

— Mon Dieu! que cette claque est insupportable! disait-il tous les soirs en rentrant au foyer...

— Mon Dieu! quand donc les théâtres seront-ils désinfectés de cette engeance? ajoutait madame D...

Ennuyé de ces plaintes, le directeur prit un jour les deux artistes à part :

— Vous êtes tous deux, leur dit-il, des talents de premier ordre. — Vous avez les sympathies du public, et il vous est pénible souvent, si j'en crois vos discours, de voir se mêler à l'enthousiasme que vous excitez les applaudissements d'une tourbe grossière.

— Sans doute, fit B...

— Certainement, ajouta madame D...

— Eh bien, mes amis, soyez heureux... Vos vœux sont exaucés; il n'y aura plus d'autres *romains* dans mon théâtre que ceux qui fonctionnent dans les tragédies que mon privilége m'autorise malheureusement à jouer. — La claque est supprimée. — C'est autant d'économisé.

— Supprimée, la claque! fit B...

— La claque supprimée! reprit madame D... A compter de quand?

— A compter d'aujourd'hui même. — Allez vous habiller, et soyez sans crainte. Quand on lèvera le rideau, vous ne verrez que des payants dans la salle, — des purs, des sincères, et toute la gloire que vous recueillerez désormais sera en bonne monnaie.

Après la fin du spectacle, les deux artistes remontèrent dans leurs loges, — sérieux et inquiets. — L'ère de l'enthousiasme sincère s'était assez mal inaugurée. Comme on dit en termes de coulisses, ils n'avaient *étrenné* ni l'un ni l'autre. Cependant jamais B... ne s'était montré plus habile comédien. — Jamais il n'avait détaillé avec autant de soin et d'exactitude toutes les nuances variées de son rôle.

Jamais madame D... n'avait été plus dramatique, plus passionnée.

— Bah ! dit B... à sa camarade, il ne faut pas se désespérer. — Nous avons une mauvaise salle aujourd'hui. — Voilà tout. — Demain, nous retrouverons notre vrai public, et alors...

Mais le lendemain renouvelle la déception de la veille. — A peine les deux grands artistes recueillent-ils quelque maigre bravo aussitôt étouffé.

Mais le surlendemain, — ah ! le surlendemain, — à la première entrée en scène, B... fut accueilli par une salve, — modeste il est vrai, — mais bien comprise, bien dirigée, commençant là où il fallait et s'arrêtant de même.

— Je disais bien qu'ils s'y mettraient, dit madame D... en entendant de la coulisse applaudir son camarade.

Mais, à son grand étonnement, quand elle parut en scène à son tour, — la salle reste muette ; — elle surprit bien des émotions, des larmes, mais de bravos, aucun...

Elle ne dit rien, mais elle pensa davantage.

Le quatrième jour, B... fut encore applaudi comme la veille ; mais, quand madame D...

parut, une salve plus sonore et mieux nourrie
accueillit toutes ses entrées et toutes ses sorties, et l'acclama jusqu'à la fin du spectacle.

Quelques jours plus tard, le directeur fit
cette remarque, que les gens qui applaudissaient l'acteur B... se disputaient dans le par-
terre avec ceux qui applaudissaient madame
D..., et réciproquement.

Il en tira facilement cette conclusion, que
les deux premiers artistes subventionnaient à
leurs frais, — et chacun de son côté, — une
brigade d'enthousiasme, et que les deux grou-
pes, se croyant rivaux, pensaient se montrer
plus agréables à leur commettant en faisant
de la contradiction systématique.

Le soir même, le directeur appela ces deux
artistes et leur tint à peu près ce langage :

— Mes enfants, soyez heureux, la claque est
rétablie. — Votre amour-propre légitime fera
ses frais tous les soirs, — et votre bourse fera
des économies.

.*. On a souvent entretenu le public des singu-
larités plus ou moins singulières de quelques
artistes et de quelques écrivains célèbres. —
Voici une anecdote qu'on nous a citée tout ré-

comment à propos de M. de Balzac, — dont
les *manies* pourraient former un recueil
aussi volumineux qu'intéressant. — Un jour,
le grand romancier invita une douzaine de ses
amis à venir dîner dans cette fameuse maison
des Jardies, bâtie sur les plans de M. de Balzac lui-même, qui, entre autres innovations,
avait oublié l'escalier. Comme on allait passer
dans la salle à manger, le maître de la maison, prenant une attitude désolée et contrite,
s'excusa auprès de ses convives, auxquels la
dureté des temps ne lui permettait d'offrir
qu'une maigre cuisine, servie dans une modeste faïence avec accompagnement de couverts d'étain. Comme tout le monde se ré-
criait sur l'inutilité de ces excuses entre amis
et entre artistes, on se mit à table, et pendant
trois heures Chevet, — qui avait été mandé
de Paris, — donna un somptueux démenti à
l'humble préface de l'écrivain en offrant à
ses convives tous les chefs-d'œuvre de son répertoire. Le repas achevé, les invités se ré-
pandirent dans le jardin, les uns réclamant
des cigares, les autres des pipes et du tabac.
A cette demande, le maître de la maison ré-
pond par un sermon sur le funeste abus d'une

substance malfaisante. Quel plaisir pouvait-on
trouver à mâcher une plante amère, qui en-
dort les facultés de l'intelligence? etc., etc.
Un fort beau sermon in-octavo, qui n'amena
cependant aucune conversion, comme beaucoup de sermons. Quand la compagnie se fût
procuré de quoi fumer, une voix se leva pour
demander des allumettes : nouveau recri et
nouveau sermon de M. de Balzac. Comment
pouvait-on supposer qu'il eût dans sa propriété de ces dangereuses inventions d'une
chimie incendiaire? Et, là-dessus, l'auteur des
Parents pauvres entamait un paradoxe dans
lequel il démontrait sérieusement que les allumettes chimiques, quotidiennement cause
de sinistres relatés par les journaux, étaient
répandues dans le public par une bande de
malfaiteurs qui avaient pour but la destruc-
tion de la propriété immobilière. Bref, il n'a-
vait pas d'allumettes, il n'en aurait jamais chez
lui! Au milieu de cette improvisation plai-
sante, un de ses amis s'était échappé, fouillant
tous les coins et recoins de la maison, pour
tâcher d'allumer son cigare. Comme il boule-
versait la cuisine, en ouvrant le tiroir d'une
table, la première chose qu'il aperçut, ce fut

une magnifique argenterie, parfaitement gra-
vée au chiffre de M. de Balzac.

Le romancier, qui était coutumier de ces
sortes de plaisanteries, ne perdait point conte-
nance lorsque ces petits mensonges innocents
étaient démasqués. Tout le monde connaît
l'histoire du cheval qu'il croyait avoir donné à
M. Jules Sandeau, et duquel il demandait des
nouvelles chaque fois qu'il rencontrait son
confrère.

Quand son ami vint lui annoncer la découverte qu'il venait de faire dans sa cuisine,
M. de Balzac entra dans un grand étonnement;
puis, allant embrasser tous ses convives les
uns après les autres, il les remercia avec ef-
fusion de lui avoir procuré cette heureuse
surprise. Il souffrait cruellement d'être obligé
de manger dans de l'étain, et sa reconnais-
sance était tellement persuasive, que, dans le
nombre de ses invités, il y en eut qui se retirèrent convaincus que c'étaient positivement
eux qui avaient dégagé le *service* de leur confrère des mains d'un Gobseck. Quant à M. de
Balzac, il n'en voulut pas démordre, et pendant longtemps il entretint toute la ville de ce
beau trait de ses amis.

.*. M..., littérateur très-sérieux et qui réu-
nissait, comme homme et comme écrivain,
toutes les conditions qui font sanctionner par
le public la promotion à la chevalerie de la
Légion d'honneur, dut son ruban rouge au
hasard, qui, par extraordinaire, se montra
intelligent dans cette occasion; et voici l'anecdote, telle que M... la raconte lui-même :

Dans la dernière année du dernier règne,
M... se trouvait dans une ville de bains, où
M. Duchâtel, alors ministre de l'intérieur, ré-
sidait depuis quelque temps avec sa famille.
En villégiature, les relations se nouent vite,
surtout entre personnes qui portent un nom
connu. L'écrivain rencontra l'Excellence au
salon de conversation; et le ministre, charmé
d'avoir fait la connaissance d'un homme d'esprit, l'invita à venir aux soirées intimes qu'il
donnait dans son salon de Vichy. M... y joua
le whist de manière à se faire complimenter
par le ministre, qui le voulait toujours avoir
pour partenaire.

L'année suivante, l'écrivain, qui n'avait
jamais revu le ministre, avait un service à lui
demander pour un ami. Il pensa qu'il n'y aurait point d'indiscrétion à se présenter au mi-

nistère de l'intérieur, et que ses anciennes
relations avec le portefeuille de la rue de
Grenelle ne pourraient que lui être favora-
bles. Il se rend à l'hôtel de l'Excellence ; elle
était absente. M..., qui s'était présenté à
l'appartement particulier, laisse une carte au
valet de chambre, et, pour indiquer qu'il est
venu lui-même, il y fait une croix avec un
crayon, au lieu de la corner.

Le soir, en rentrant, le ministre trouva la
carte sur son bureau.

— M...! M... ! s'écria t-il en se frappant
le front comme pour se rappeler, je ne me
souviens pas de ce nom-là! Que diable peut-
il donc me vouloir?... Ah! bon! j'y suis maintenant, ajoute M. Duchâtel en apercevant la
croix marquée au crayon au coin de la carte :
c'est bientôt la fête du roi, et ce monsieur me
rappelle que je lui ai promis de le faire dé-
corer... Il fait bien d'y penser! Pour moi, je
ne m'en souvenais plus.

Trois jours après le 1er mai, M... lisait au
Moniteur sa promotion au grade de chevalier de la Légion d'honneur.

.*. Un admirateur passionné du talent joyeux

d'une des meilleures servantes de Molière, s'étant aventuré un soir au petit théâtre Séraphin, rencontre l'artiste en contemplation devant les beautés du *Pont cassé;* c'était à l'époque où l'actrice se trouvait dans une situation intéressante.

— Pourquoi donc êtes-vous venue ici? lui demanda le cavalier, très-surpris de cette rencontre.

— Oh! ce n'est pas pour moi, répondit l'actrice en riant ; c'est pour mon enfant.

.*. Une dame qui se chausse quelquefois d'outremer, et qui a fait représenter au profit des pauvres et de sa vanité des petites comédies de genre inutile, s'est acquis dans un certain monde une grande réputation d'esprit, — à peu près comme les révolutionnaires achetaient jadis des biens nationaux, — c'est-à-dire à bon marché. — Cette réputation lui vient de l'habitude qu'elle a de faire des *mots,* les mots, cette lèpre de la conversation moderne. — Faire des mots, tel semble être le but de son existence ; c'est à quoi elle passe tous ses jours. Sa femme de chambre assure même qu'elle se relève la nuit pour se livrer à cet exercice. — Dès qu'elle a fait un mot, elle prend une voiture et court au galop le répéter à tous ses amis et connaissances, ou l'affiche sur la glace dans les foyers de théâtres; des amis complaisants le tirent à autant d'éditions que *l'Oncle Tom*. — Puis, quand le mot a couru tout Paris, afin que l'Europe n'en ignore, les familiers de cette charmante personne l'adressent aux gazettes étrangères, qui s'empressent de l'attribuer à M. de Metternich. — Seulement, comme un mot ne peut produire de l'effet qu'à la condition d'être placé en situation, comme on dit en termes de coulisses, mademoiselle *** a un compère dont les fonctions consistent à amener sur le tapis tel ou tel propos auquel le mot doit servir de réplique. — Ce confident est ordinairement un bon jeune homme, auteur de quelque petit proverbe inédit que la dame a promis de faire mettre en lumière. — Mademoiselle *** est aussi spirituelle que bonne camarade : quand ses mots ont servi plusieurs fois ou quand ils ne produisent pas d'effet, elle en fait cadeau à ses amies. — Une personne qui n'avait pas l'honneur de connaître mademoiselle ***, et qui avait le plus vif désir de l'entendre causer,

eut dernièrement l'occasion de dìner avec elle
dans une réunion d'artistes et d'hommes de
lettres. .

— Eh bien! que dites-vous de cela? lui
demanda un enthousiaste de la *mot*-noma-
nie.

— Ma foi, répondit-il, mettez que je suis
un Velche, ou que mademoiselle *** n'était pas
en train ce soir; mais son esprit et ses mots
m'ont paru ressembler au fameux briquet et
aux allumettes d'Arnal, dans la pièce des *Ca-*
binets particuliers.

FIN.

PARIS. — TYP. SIMON RAÇON ET Cⁱᵉ, RUE D'ERFURTH, 1.

PARIS. — IMP. SIMON RAÇON ET COMP., RUE D'ERFURTH. 1

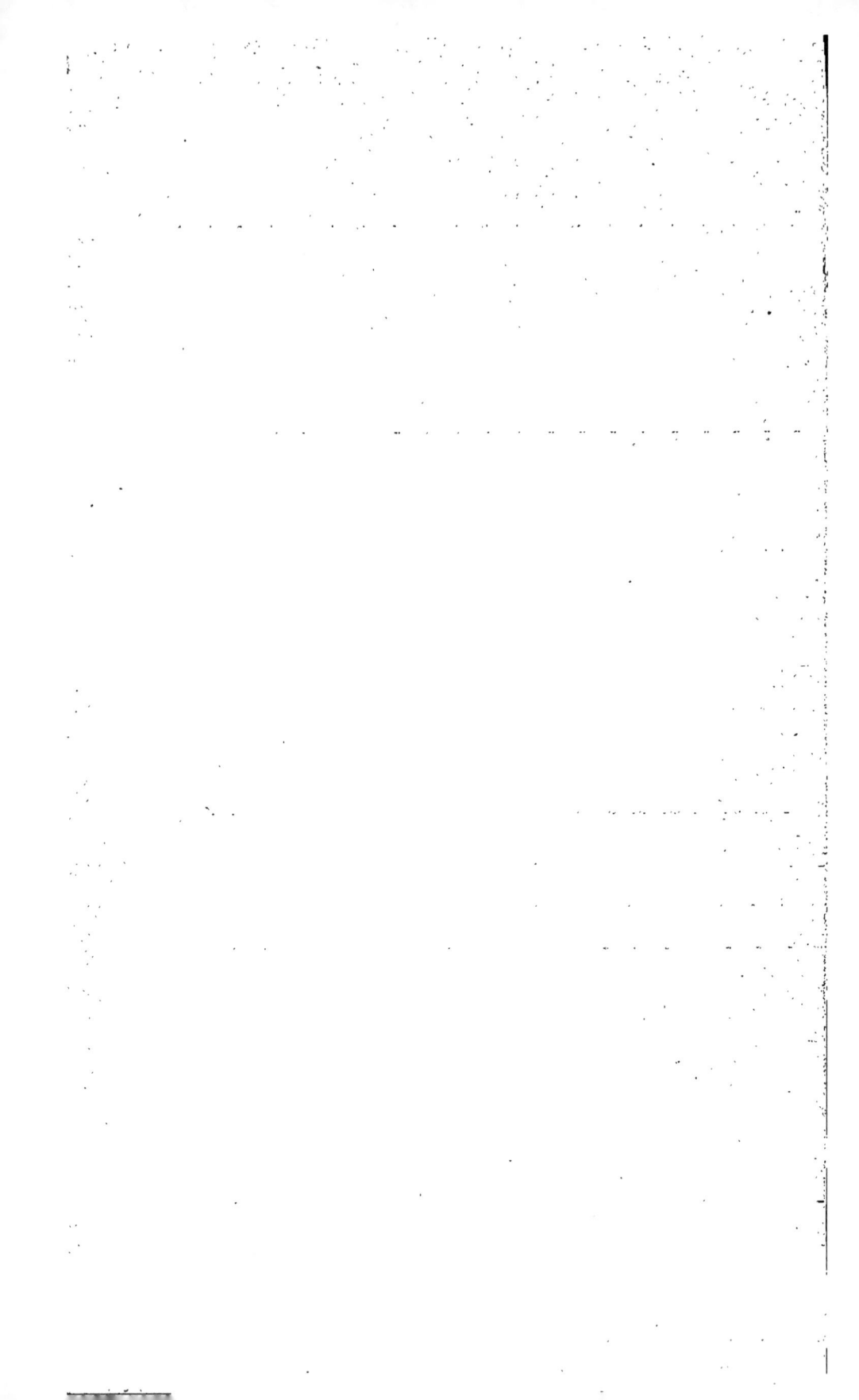

www.ingramcontent.com/pod-product-compliance
Lightning Source LLC
Chambersburg PA
CBHW060637100426
42744CB00008B/1670